文史哲詩叢

中國詩歌藝術學會編

詩藝浩瀚

文史哲出版社印行

前言

台客

去年八月，本會召開理監事會，會中有人提議，再出版一本會員詩選集。由於距離前一本詩選集《詩藝拾穗》之出版，已有三年時間，獲得大家一致無異議通過。但是究竟由誰負起主編的工作，大家面面相覷。最後雖然筆者當日並未與會，這個擔子仍然落在筆者身上。這是責任，也是榮譽，筆者沒有推諉的理由。

徵稿函由副秘書長關雲發出，至去年十一月底截稿止，陸續只收到約二十位會員的來稿。不得已筆者於去年十二月上旬再發出數十封的催稿函，至今年元月底截稿止，累積至四十餘位。但仍不足，只好再耐心的不斷以電話和信函溝通，總算突破五十，向六十大關邁進。最後參與此次盛會的詩友有六十六位，頗堪告慰。

本書是本會自一九九四年正式成立以來的第五本會員選集，前四本分別為《五月詩穗》（二〇〇〇年）、《詩藝飛揚》（二〇〇三年）、《詩藝青空》（二〇〇四年）、《詩藝拾穗》（二〇〇五年）。取名《詩藝浩瀚》，前兩字是繼承傳統共識，後兩字則是筆者自取，意謂詩歌藝術浩瀚無涯，是吾人一生不論如何追求，也永遠無法達到盡頭的。

由於是會員選集，筆者尊重大家參與的權利，對於來稿基本不做實質審稿，只在稿量過多或過少時，才做些增、刪。最後一校時，也寄由作者自行校對，希望將錯誤減至最低。

檢視六十六位詩友的大名，對照上一本詩選集，筆者不禁神傷。多位會員諸如文曉村、張朗、周煥武、王碧儀、賀志堅、王映湘等已紛紛做古。另有多位詩友諸如汪洋萍、劉建化、余興漢等，也因年歲已大或其他原因，不復參與。幸有新的會員諸如陳福成、林明理、胡爾泰、映彤、琹涵、方明、丘孔生、紫鵑等加入陣容。今後，加強吸收年輕新會員，成為本會當務之急。

本書的編排方式大致以詩齡資歷及來稿先後兩種方式考量，若有不盡人意之處，尚請海涵。另，鑒於兩位已故理事長文曉村、王祿松生前對本會的貢獻，麥穗副理事長特別來電希望將兩位的詩也編選進去，照辦。

仔細翻閱本書內容，你會驚喜的發現，就像在逛一座百花盛開的詩的花園，這座花園內，有艷紅的牡丹，有淡雅的杜鵑，也有潔白的百合……等等。每位會員都拿出他（她）們最滿意的作品，來充實這一座詩的大花園。筆者相信《詩藝浩瀚》一書的出版，不但對全體中國詩歌藝術會員是一種鼓勵與值得紀念的大事，甚至對整個台灣詩壇也有一定傳承的味道。時光會緩緩流逝，吾人會逐漸老去、死亡，但這本詩選集會永遠年輕，歷史將會記住我們走過的痕跡。

最後，感謝畫家鄭碧芳、薛美雲提供多幅畫作，供本選集封面及內頁選擇之用。文史哲老闆也是本會常務理事的彭正雄先生慨允幫本書出版。以及第六屆理事長劉小梅及第七屆理事長林靜助在本書編選過程中的關切。

二〇〇九年五月五日於鶯歌小鎮

詩藝浩瀚　目錄

丁穎詩品

陳福成詩品

游永福詩品

潘雅文詩品

紫　楓詩品

陽　荷詩品

亞　媺詩品

滌　雲詩品

陳欣心詩品

胡爾泰詩品

路　痕詩品

司馬青山詩品

琹　川詩品

台　客詩品

方　明詩品

關　雲詩品

紫　鵑詩品

林恭祖詩品

丘孔生詩品

張小千詩品

八月，我將遠行

——給愛妻

請記住：這是二〇〇七年八月
為了一個經典的節日
我將遠行

那裡　是我心靈的大西部
是只有歌聲才能到達的
遠方。那裡
山岡連著山岡
青草鋪成母親的胸懷

文曉村

還有一個美麗的大湖
她的名字叫　青海

在那裡　我可以
看　無邊的藍天
聽　百鳥的歌聲
伸手握住　詩神的
微笑；欣賞美女與哈達
飛揚的舞蹈
而我　也要放聲歌唱
唱出我的嚮往
唱出我的淚水與憂傷

如果我這一顆
衰老的心臟
承受不了三千公尺
海拔的重壓而倒下

倒在大草原的胸懷
請不要流淚
而　為我祝福
因為我已經返老還童
回到母親的懷中

二〇〇七年七月卅一日於台灣省中和市

觀選戰有感
——兼迎來福年

為了一把椅子
他們甜言蜜語
舌粲蓮花滿天飛
不管是蔥還是蒜
但求能當選

他們更善於使用暗器
常常怒目金剛　眼睛噴火
一旦看見了腐物
就像食屍鳥一樣
緊緊地咬住不放

戰火熄滅時
有人搶到了椅子
有人大蔥變成蒜
可憐的是新台幣
在灰燼中　哭泣

二〇〇五年十二月三日

飄泊者

沙漠的旅人
歷漫漫長夜
極目所及　天際
只有冷冷的寒星

九月的飄蓬
與蒲公英結伴
在颯颯的秋風中
聽子夜的鐘聲

羈旅天涯的異鄉人
落葉難歸根
只能在夢中
親吻故土的唇痕

春天的落葉

小病之後
我終於又可以爬山了
心裡有說不出的高興

三月是春天啊
腳下怎麼有黃色的落葉？
我抬頭看看
樹上的葉子既綠又濃
這才明白
縱然是春天
也難免新陳代謝的上演

可不是嗎？
半公里的山道
我走走停停

竟然花了三十分鐘

野鶴

非仁者之樂山
非智者之樂水
非淵明之愛菊
非濂溪之愛蓮
我只是一隻野鳥
以雲為師為友
天空之大任我飛
飛翔是最高的嚮往
五湖四海為我家
且享漂泊之樂
至於島上那些
　愛恨與是非
就留給秋風去論評

後記：三月詩會七月份命題之一爲「瀟灑」，余生平拘矜，非敢造次，而當前大局板蕩，豈能故作瀟灑，姑且戲筆爾。

二〇〇七年七月五日

作者簡介

文曉村，河南省偃師人，一九二八年生，二〇〇七年十二月逝，享壽八十歲，葡萄園詩刊創辦者之一，一生著有詩集《第八根琴弦》第七種，詩論集《新詩評析一百首》等六種，並主編《葡萄園詩選》等多種。曾擔任中國詩歌藝術學會第一、二屆理事長。

王祿松詩品

附畫作

四行詩廿首

妳疾步而來
像是樂章
妳緩步而至
有如夢幻

・

風來紙上吟詩
月到杯中作客
茶煙淡淡升起
一片武陵山色

・

一碟飄香日月

一杯滾燙乾坤
啜江河，嚼海嶽
寄興在煙水晚晴時分

．

幽深構想
篇章生了雲彩
精謹用筆
文字亮成星辰

．

飲悲辛如春酒
餐苦澀成甘芳
願隨妳做彩蝶
綠妳笑成花香

．

陣雨過後
含悲的晚晴啊
僅能以月色寫詩

療我創痛

·

我是
相思樹上，飄然而下的
被夢所蝕的一片
殘存的小詩花

·

端起，一杯茶
我輕飲清淡的人生
且帶淚嚥下
如此淒美的詩情

·

垃圾被吹上雲彩
仍是垃圾
黃金被埋沒汙泥
仍是黃金

·

坐在書房多年
被文字的雨陣不斷淋晒
如今，一身都是青苔
一身都是秋聲

・

垂筆釣小詩
人在美學煙水裡
心舟載詞藻
情酣文華淑氣間

・

每朵跳浪
都是海的珠璣新句
每片霜葉
都是秋的血淚舊傷

・

巨木摧於狂風
花林殘於雨陣

因為我是小草
鏘然綠了一生

・

筆如燭
亮出文字火焰
詩似花
傳動心靈暗香

・

你陽光般燦然而來
剪笑成雲彩
你小雨般灑然而至
釀情做酒香

・

春是一個浣衣女
在晨風的清流中
將我的詩思
反覆地敲打與搓揉

．

有的人笑像花開
有的人笑像雲彩
妳的笑，像風景
是我的最愛

．

艱困生活
是一群野狗
陸續的叼走人間的
一根根的傲骨

．

詩人豪吟
句句傳響金歲月
健筆吞吐
字字都是夜明珠

．

一滴黃河水

水成五千年的流金歲月
一塊泰山石
石著九萬里的帶礪山河

葡萄小語

一

「健康．明朗．中國」——
四十年前
量身訂做一套希望
穿上身直到今天
還是最好的款樣
　最美的時裝

二

初收成那幾年
每粒入口即溶
現在可更不同

每粒比月還圓，比日還重
每粒都大刮起四季風

三

流入每粒葡萄的
四十年的汗水成江
如今
每粒都
滴著紫液
濕透了江北江南
滋潤著東方西方

作者簡介

王祿松，海南文昌人，一九三二年生，二〇〇四年逝，享壽七十三歲，其一生榮獲各種獎項多達五十一次，出版著作三十餘種，曾任中國詩歌藝術學會第三屆理事長。

劉小梅詩品

把秋天邀來庭院

丹桂擅做主張
把秋天
邀來庭院

我請它多玩一會兒
它搖搖頭說
不
我得趕緊去視察
剛才來時
夾道歡迎的民眾
人人提著一壺
淚

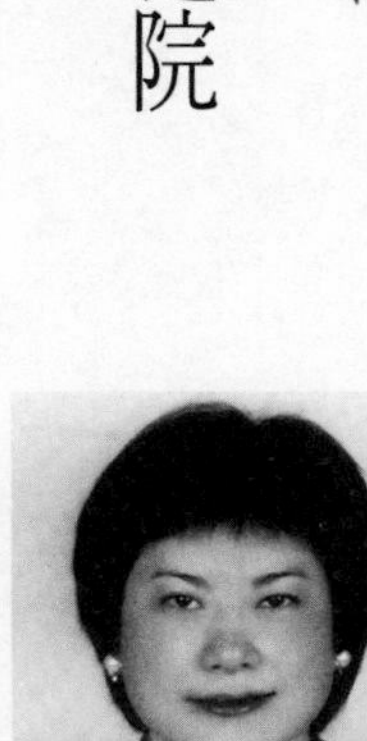

聲聲慢

一隻肥鳥在瘦枝
靜靜聆聽
歲月的腳步
水流依舊年輕
黃昏老了

青山從不諂媚旅者
陽光自願引路
翠木與蕨相遇
夜夜夜談
寺音飄渺
聲聲——慢
大夥滿載而歸
人手一籃
禪

寄信

唯一稱得上是件閒事的
大概就是出去寄封信了
哎呀
稍一不慎
將自己的心
連同那封信
一起丟進了郵筒
如何將那顆心揪出
安回體內？
…………
終於解困了
多虧燦紅的晚霞
努力垂釣

幸福原來只是

鄰家的蔥油餅
竭誠歡迎我的慾望
光臨

酷暑陣雨謙虛地直嚷著
要捐出眾生的讚歎

疾病倉皇奪門而出
我來不及向它道別

一隊螞蟻扛著自己的生命
勇往直前
唯一能為牠們服務的是
致敬

作者簡介

劉小梅，一九五四年出生於台北市，祖籍山東諸城，輔仁大學教育心理學系畢業，美國聖約翰大學亞洲研究所碩士。曾在媒體服務二十五年退休，曾在三所大學兼任講師多年，曾任第六屆「中國詩歌藝術學會」理事長，現爲「居心堂」主人，專淨土及禪宗，目前閉關中，著有詩集等凡十八本，曾獲五四「中國文藝獎章」、「詩歌藝術創作獎」、「中華藝苑菁英成就金像獎」、世界「桂冠詩人獎」，二〇〇六年全球「卓越文學獎」、二〇〇七年創世紀華文「小詩獎」等。

晶　晶詩品

中秋望月

初升之月　在海角
豐滿　嬌嫩似出水芙蓉
引伸望月的視線
漸行　漸高　漸遠

中天之月在天涯
駐足　縮影如高懸明鏡
以澄澈　關愛的眼神
俯瞰大地　人寰

年年　你我以詩句對話
仰望你清明的容顏
聆聽你默默的示語
警我癡頑　指我迷津
我恆以虛淨的心懷
瞑悟你無聲的梵音
相約接納生命中的
悲喜愛恨

二〇〇七年十月十二日

捷運即景

猶如一條活躍的長龍
在城市裡奔馳成
一列游動的地標
燦然的色系　粧點出醒目的風采
人體的工學　設計成軟座的韻緻
這屬於萬千大眾的坐騎

載運你、我　行行復行行
遍覽各驛站無限的風情

穿梭於歲月的長河　呼嘯著
譜成一曲特有的旋律
　纏綿的低語
　沉思的假寐　以及
　搖籃般的催眠
一卷、一機在手
瞬間沉浸於忘我之境

浮浮沉沉
靠站前溫馨的告白
喚醒過客也送走歸人

我是誰

從無到有
孕育是一條神奇的路
通過生死的關隘
渾然呱呱墜地
根本不知　我是誰

冬盡春來　一身刻痕
滿是歲月的印記
花開過了　果結實了
齒搖髮蒼　碌碌半生
早已忘了　我是誰

臭皮囊傳來簡訊
病痛接踵而至
急性的　慢性的

藥的　刀的　川流不息
含淚放棄　我是誰

走完生之旅程
揮手告別一切
土裡　火裡
不由自己
誰是我　我是誰

自然循環的縫隙中
總有一些另類的感受
理性的　感性的
喜的憂的　愛的恨的
回味一下　我是誰

二〇〇八年六月七日

醉的邊緣

小酌　飲詩而醉
微醺如一雙翅膀
馳騁　滑翔　飛升　奔放……
層層次次的快意
一分一寸釋放底層殘留的重負
發酵的精靈　在眼前
閃爍　漫遊　盪漾　踊舞……
朦朦朧朧的酒意
一點一滴解凍冰封久遠的煙塵
休眠的心　在蒼茫中載沉載浮
早已分不清
天涯多遠　海角多深
醉　並不是一條歸鄉的路
只是一個啓航的渡口

從這兒出發　試著去
尋覓那一絲不絕如縷的記憶
忍痛掀開血淚的舊創
再一次承受生命中最深切的痛

二〇〇六年九月一日

後現代

之一

那是一種嚼不爛也消化不了的時尚
是表象熟悉卻戴著隱形面紗的神秘客

把後現代推向理論的窄胡同
是一種輕慢
無論是順向演繹抑反溯詮釋
不管是承襲、超越或顛覆
俱都是自然生態的轉型

該抱著衷心的希望
期待「她」的來臨

別把她侷限在瓶插或盆景裡
她是屬於萬事萬物、宇宙自然的
從筆底流出　流向江河大海
藉紙章呈現　展現高山長空
與時代同步　共歷史並存

之二

後現代
無疑是隨著現代的尾聲而來
今天看
那是前衛（不可預知）
後天看
那是落伍（已經淘汰）
墨客們把前代、當代、後代

風騷得團團亂轉
回頭一看
甚麼也不是
轉身細看
甚麼也沒有

作者簡介

晶晶，本名劉自亮，一九三二年生，河南羅山縣人，浙江杭州女中畢業，生逢亂世，半生漂泊，於一九四九年秋來台，服務軍職近卅年，現已退休。目前爲《葡萄園》詩社編委，三月詩會同仁，中國詩歌藝術學會監事。著有詩集《星語》、《曾經擁有》，長篇小說《春回》、《歸情》，短篇小說《火種》等。

許運超詩品

柳 絮

滿天飛舞的像雪花
飄出春天的燦爛
輕輕的墜落似
歲月的流逝
無重量的著地
春的跫音已遠

滿天飛舞的像心情告白
綠了一季之後
風吹白了日子
在天空漫無目的飄浮似

流浪的思緒
在尋找下一季

二〇〇二年三月一日

十二月某日

十二月某日　有夢
夢中我是一隻鳥

清晨　無雪有風
站在玉山頂上　俯視
雲霧在峰巒間飄湧
分不清是河是海？是濁水是清流？

午後　下過一場雨
停在濁水溪旁　看不到
大河的氣勢只有涓涓細流
是河瘦了？還是水瘦了？

傍晚　雨後陰冷
立在一○一樓頭　鳥瞰
萬家燈火映照路上的積水
滾滾車流碾碎了浮面的繁華

十二月某日　有詩
晴晴雨雨陰陰冷冷是寶島的冬季

二○○六年十一月二十二日

今天不說我愛你

——結婚四十週年給愛妻

青澀年代清貧歲月
陽春三月執子之手
沒有海誓沒有山盟
我們走向人生

四十年了在廚房裡
你把青春燒成炊煙
飄白了頭髮煬緆了眼角
把家裡構成可依靠的港灣

四十年我們走過風走過雨
生死關頭有你真好〈註〉
啊　你就是我的守護
神

四十年就像昨天
今天不說我愛你
要大聲的説你是我的幸運之
星

註：一九九一年七月、二〇〇七年十月吾先後進行心臟及腫瘤大手術，
都由吾妻辛苦陪伴。

二〇〇八年三月十六日

捷運風情

四月午後的台北天氣　和暖
我有去郊外走走的衝動
搭上往淡水的捷運
車廂內座無虛席
面前的博愛座坐著
一對年青男女假寐成仙
看不見我這個立法成佛的白髮老人
鄰座的中年人則起身讓位
我連聲　阿彌陀佛
捷運車出了地面車廂映射著陽光
車窗外快速倒退的樓影樹影
勾勒成電影動畫的風情
淡水站後廣場民俗藝人的演秀
稀落的觀眾不影響有特色的表現
走到岸堤一攤攤賣店像列隊迎我

而我的目光選擇了河面及遠山的風光
遠眺入海處有幾點帆影像一首詩
一陣海風　吹落了一身塵埃

二〇〇八年四月三十日

輪迴

一聲春雷驚醒了枝的嫩芽
一場夏雨淋綠了山野的草木
一陣秋風掃盡了樹梢的黃葉
一下冬雪就把山頭推成了白頭
在自然界這是
時序輪替榮枯循環
在人世間就叫做
生老病死的輪迴

二〇〇八年五月三十日晨

春秋

春天
是貓狗叫醒萬物的季節
是萬紫千紅競豔的舞台
看　古木都已冒出嫩芽了
失意的你奮起再創一個春天吧！

夏日炎炎　烈陽像酒
枝頭的綠葉醉了
一陣蕭颯的風搖曳著
剛醺紅了的樹葉
墜落是淒滄而飄紅則是秋天的顏色

而我
不迎春不悲秋
只想握有一枝春秋之筆

撻伐天下貪腐不義之徒
寫出澄明光燦的篇章

二〇〇八年九月二十八日

作者簡介

許運超，筆名許燕青，一九三九年農曆八月生，廣東省合浦縣人，軍校畢業，服務軍旅數十年，從小愛詩、讀詩，認為「詩可以言志」而「志」就是內心的情境，為了要表達這種情境而寫詩。一九六二年至一九九四年，由於公忙停筆三十餘年，一九九六年九月退休後重投繆斯懷抱，寫詩自娛，現為「三月詩會」、「葡萄園」同仁，中國詩歌藝術學會監事。

一　信詩品

橋

我必須強硬　硬起脊柱
挺起骨骼來負擔責任
將絕路連接　構通

雖是絕路　　但
飛彈可越過
戰機也可飛過
軍艦　甚至成群的小砲艇
都可以硬闖或蜂擁而過

但是過橋是最好的方式
跨過壑谷絕壁　串連兩方山頭
越過海浪波濤
安全地　舒適地通過
由我挺起的硬脊骨上快樂地通過

飛行之頭顱

頭顱展開耳朵翅膀
乘音波離開身體飛行
來到一處有很多頭骨地方　見
每顆都眼睛空洞　頭殼虛空
耳朵連根都沒有了　看了心驚
它們同聲吶喊：　是
被歷史砍了拋棄於此
頭顱乃趕快回到身體上

連結血肉　放射強大眼波

中外古今

蜉蝣問太陽
什麼是古今？
太陽不耐地回答：
你就是古今——
古人也死，今人也死
死　就包括了所有之古今

蝸牛問月亮
什麼是中外？
月亮耐心地回答：
你就是中外——
當頭在殼中時　就是中
頭伸出殼外　就是外
中外全看腦袋

八卦八卦眞有趣

上古　沒有八卦的時代
伏羲氏以最前衛思維
先虛擬太極　並以二分法區隔為
老壯漢子　青少年帥哥
晚晴辣妹　年輕酷妹　再延伸到
天地　山澤　水火　風雷
就多生化　多角度　相互交錯
成了包羅宇宙萬機　變化無窮的
八卦。八卦咧！名揚千載萬載的八卦咧！

橫八　縱八　交互　爻生
八八六十四卦　道盡了
人生滄桑　人心變化
世道崎嶇　世態多元
真難測難料啊！哪又能料及

自荒誕包裝中爆料　從針孔攝影中
看人生　看世態　看難知之奧秘
由一張張光碟片　一篇篇報導　一本本書
舌　聲　影　電波中展開現代八卦——
八卦生活味覺中　有搖頭丸風味及意覺
於幾何　物理　哲學　神學等味道上
完全比率相等　卻是
化學成份偏高　偏高於毒素　且有
新世紀八卦特有之腥臊味　鹹濕味
及擠爆六十四卦之多向　多元　多詭譎
多情慾　多黑金　多爆料　多……
有人怕　有人恨　有人不怕　有人喜愛
之嶄新空氣生化八卦

陰道獨白

給這世界人類留了一條路
一條源遠且久長的路
創造生命　讓上帝神話羞愧
人類在這條道路上
充滿希望　充滿情趣與興奮快樂
也發洩情緒　滿足自己　撫慰自身

有這條路　人們體認
生命不斷繼承　性能需要之
冥思中　行動中　血脈裡　精囊裡
傳遞生命　連續生命

一條淺短而深長的道路
一條隱蔽卻顯性的道路
一條簡單又複雜的道路

一條自己也無法説得清楚
卻必須思索　慎行或放縱狂奔的道路

這條道路上　人
衝突中融合　對抗中和諧
呻吟中快樂　衝動中寧泰
蜿蜒游動成一條蛇

誰來飲茶

——兼贈三月詩會詩友

是誰？午後黃昏前
來此飲茶　將茶
飲成瓊漿　飲成玉液　飲成意象意境
是誰？來此飲茶
將午後陽光飲成水上灩瀲

把涸渴人生飲得滋潤豐盈
是誰滿腹衷腸
滿心企盼卻滿眼干戈
來此昇華於一盞茶之馨香中
是誰？將茶飲成滿紙珠璣
滿天彩霞　滿地光華
滿心喜悅之滿意晚歸

下午茶的燦爛來自銀髮映照
下午茶的馨香源自名利淡泊
下午茶的快樂發自開朗心懷

一壺茶泡出滿天風雲無際乾坤
一壺茶飲為歷史風華當世豪情
一壺茶飲成此生此世永年芬芳

作者簡介

一信，曾任編輯、主編、講師、副經理、公營事業單位同簡任職退休。主編過十餘種刊物，出版過詩集、評論集十餘本，曾獲各種文藝獎十餘項，現仍寫詩及詩評論，並任文藝團體理事、常務理事等閒雜事項職，每日運動及飲茶、飲酒、讀詩。

落蒂詩品

郵輪捲起滾滾浪花

乾隆號郵輪
大吼一聲
翻閱一本厚厚的史冊
張飛站在江邊
怒目而視
葛洲壩完成之後
水位將漸升
一二五米一三五米然後
張飛和他的廟宇
均將沉入江底
文物保護人士

只好商議請張飛搬家
白鶴樑將不再出現
歷史只有潛水夫可以
閱讀
兩岸的猿聲不再亂啼
郵輪捲起的滾滾浪花
把宜昌的燈火
拋得
很遠很遠

與杜甫擦身而過

我的遠航似乎離鄉
越來越遠
而杜甫歸心似箭的船隻
正迅速與我們擦身而過
我正想問他某些詩句
比如便下襄陽向洛陽

他已消失在兩岸之間
薄霧茫茫之中
三峽似乎沒有詩詞來的
壯麗
只有思古幽情
隨著船笛
拋向一再九轉十八拐
江流

是雨不是淚

長江截流之後
中華鱘恐怕無法回歸了
那千里的長泳
似乎已被研究所的人工孵育
所取代　似乎不能再目睹
兩岸三峽的風光　似乎
不是宿命的宿命已被

人類的重機械大建設
改變　似乎只有默默承受
似乎連抗議聲都無人
理會　似乎有人除了
寫祭鱷魚文外　還要
多寫一篇
祭鱘魚文
鱘魚不知道明天會如何
而人類自己
又知道明天會如何
山間突然飄起一陣雨
最好不是淚

記憶三峽

之一、瞿塘峽

啊！長江沿岸風景像一幅

畫

它懸在我渡輪的窗上
船緩緩前進

它
變換的速度如同
張大千的潑墨
山水一下子一張
又一張幽壑鳴泉
有時
雄偉險峻
有時
斷岩峭壁
江水切過中生代的石灰岩
七岳山背斜斜的一刀
刀刀俐落直下
斧斧劈出奇峰
青苔長在上面

長藤攀在上面
此時
一張巨大的刺繡幃幕
高高
掛起

之二、巫峽

忽然
飄起一陣細雨
打在我憑窗遠眺的臉上
淚珠和著雨水
緩緩流下
那是古代的詩人嗎
我聽不到猿啼
何以仍然淚濕衣裳
看著景色幽深秀麗
看著長江萬馬奔騰

是巫山彎曲的峽谷
嚇壞了詩人的愁渡
還是霧氣騰空的峰巒
秀麗壯闊得讓你
感激涕零
巫山十二峰
峰峰緊密山轉水轉
而我
在懷疑會撞上前面山壁時
又再轉出
一方天地

之三、西陵峽

輕輕
我拉開窗簾
正如同
我輕輕解開

妳的衣扣
突然
妳的前胸
以豐滿之姿
撞了上來
我呼吸急促氣息彷彿
奔流的江水
喘息甫定才知在
如此驚險的河灘
欲尋一方仙境
正有著九死一生之感
此時我的渡輪已
悄悄駛進那
從未一探的
夢中絕域
大千仍然揮著他的巨筆
在隱約的雲霧中

尋找他的
神秘石洞

後記：大壩建成，水滿之前，做一趟三峽之旅，許多文物、古蹟、絕壁、奇景，均將永遠埋葬在記憶中，憾何如之！

作者簡介

本名楊顯榮，台灣嘉義人，一九四四年生，國立高雄師大英語系畢業，國立台灣師大英語研究所結業。曾任高中英文教師多年。現爲專欄作家，有《創世紀》詩刊「詩與詩人二重奏」專欄。《國語日報》「新詩賞析」專欄，《台灣時報》「讀星樓談詩」專欄，《中華日報》「讀星樓小品」專欄等。著有：詩評集《兩棵詩樹》（與吳當合著，二〇〇一年十二月）、《詩的播種者》（二〇〇三年二月）、《中學新詩選讀——青青草原》（一九八一年四月）；詩集《煙雲》（一九八一年十月）《春之彌陀寺》（一九九四年六月）、《中英對照落蒂短詩選》《詩的旅行》（二〇〇五年十二月）；散文集《愛之夢》（一九八二年十一月）、《追火車的甘蔗囝仔》（二〇〇五年七月）等。作品入選各種詩選、散文選。曾獲中華民國新詩學會優秀青年詩人獎（一九八五年六月中國新詩學會頒）、「詩教獎」（二〇〇二年六月，中國新詩學會頒）、「詩運獎」（二〇〇〇年六月，中國新詩學會頒）、「中國文藝協會文學評論獎章」（二〇〇三年五月）。曾應邀擔任各種文學獎、詩歌朗誦比賽評審。

李政乃詩品

咖啡物語

一杯咖啡
誘我和月同醉
它盡情　我用心
沒完沒了的這一晚
類同千萬隻五月蒼蠅
搓遍了我的心
翻遍了我的肺

等月的人

這不是一艘船
這張躺椅
又怎能載他強渡兩地的相思啊
高高的椰子樹喲
今夜再何必邀月
強裝他茫茫的醉意呢

相見如夢

從高速公路到地鐵
從醫院到相見
加護病房啊　隔簾如隔世
牀頭灌滿藥水的吊桶
點點滴滴　如我奪眶而出的淚流
生死密碼　猶卜在呼吸的每一瞬間

能像現在苦守相處　已感安慰
多少失去的母子深情
在此入鏡　再次尋回

二〇〇八年九月七日

晚春的溫度

——設想海角七號男女主角的晚年

晚春不晚
向晚的人生步道
有你挽我細說慢跑
輕敏的步伐　不再沉重艱難

被你偷偷襲捲的一顆心
早已被你激烈的愛情深透浸染
你說終身不悔

竊取甘美的愛情並不犯罪

就像沐浴在有天井的水堂　仰頭共守星月
就像那飄逸的紗帳　在微風中輕揚
你攬景獵季　把愛苗一路點燃
我一路寫誌　不甘寂寞的句號　永不路霸

你用網路網我
攜帶的簡訊未曾斷過
攤開以日文點寫的電子情書　萬言柔美
愛的滑鼠　姻緣一路牽

我們是脫了線的紙鳶
放歌併飛在遼闊的蒼穹
我們是逐水草而居的遊牧群
摘食路邊的花香野草　就能驚動滿足的腸胃

執著於誰挑選了誰　並不重要
對你　我也不曾犯下婉言相拒的遇癡
感謝你挽我走入畫片中的楓紅
陪我同看日昇日落

後記：我喜歡詩，但是六十年來，我的詩，像雨滴，像陣雨，數量極少。流行歌唱多了，自然想嚐試寫寫愛情詩。電影，海角七號的男女主角，雖苦別多年，也各自婚嫁，若他們能活在當今，若他們有機會重逢，我相信他們也會借用時代科技；選取最好的電器產品，彼此互通；彼此音訊不斷，以重拾相聚的喜悅，表達愛意。讓短暫的餘年；讓僅有的幸福；讓晚來的春天，傾向多彩多姿。

作者簡介

李政乃，筆名白珩，台灣省新竹市人，一九三四年生。師專畢業，曾任國小教師、主任，現已退休。著有詩集《千羽是詩》、《李政乃短詩選》。

麥穗詩品

羅平驚艷

說是世外
明明在雲南
說是桃源
卻是不折不扣的農莊

田不成田成為八卦
山還是山峰芒畢露
陽光塗過
你是梵谷的油畫
輕霧抹過
你是大千的潑墨

曾經宏偉
也曾輕輕柔
被稱仙境
畢竟還是人間

二〇〇七年七月十五日於烏來山居

謁自由女神像有感

擎著火炬
抱著獨立宣言
面對著曼哈頓林立高樓
使人懷念起 2001.9.11.
傲視群樓的雙子星

兩架飛機
兩座摩天大樓
萬餘條人命

創下有史以來
一瞬間完成的慘劇

自由　自由
人類有自殺的自由
也有殺人的自由？
屹立在自由島上的女神
目睹假自由之名製造慘劇
妳有否落淚

小香普蘭的黃昏

下午七點的太陽
在聖勞倫斯河西岸徘徊
石板屋接著木板屋的
小香普蘭老街上
人潮在鵝卵石路上流淌

二〇〇七年八月六日於烏來山居

華燈待燃

都伏林步道的山崖下
晚歸的夕陽
把最後一抹橙黃
塗在芳提娜堡後
稍稍地向大地道別
城堡更童話了

印第安商品店前
戴著羽冠紋風不動的
土著坐像
雙眼瞪著楓葉旗
似乎想對著遊人大吼
這是我們的家鄉
但始終開不了口

二〇〇七年六月八日晨於魁北克旅邸
二〇〇七年八月九日定稿於烏來山居

Chinatown

孔夫子銅像
面對著查特曼廣場
驕傲地露著嚴肅而
得意的情態
周遊列國
居然遊到洋夷之邦

忍著淚吃辛辣川菜
抿著嘴進港式飲茶
一腳踩進矸仔店
揀完一籃子家鄉味
老闆
再買一份世界日報

宮殿　寶塔　牌樓

豎立出曼哈頓最活躍
令人興奮的中國城
但已沒有人記得
如豬仔般被運來的
拖著辮子的鐵路工人
也懶得有人去
華裔美國人博物館
翻一頁華工血淚史

立山見雪

四月的日本
櫻花在富山怒放著
吶喊出初春的氣息
積雪
卻在立山頂上
拉著殘冬不放

二〇〇七年八月九日晚於烏來山居

不同的交通工具
在阿爾卑斯接龍
啣接到
冰封的二千三百米海拔
白雪堆積成峰
山峰深埋雪中

置身
雪的大谷中
放步峭拔的雪壁間
面對一山白茫
彷彿拾回夢幻般的
銀色童話世話

二〇〇八年四月二十三日初稿於日本富山旅次
二〇〇八年六月三日完稿於烏來山居

重履金陵夜遊秦淮

畫舫緩緩地
緩緩地駛進圖畫裡
水波漾漾裡流出一幅幅
熟悉又陌生的風景
在宮燈與霓虹的輝映下
桃葉渡　媚香樓　王謝故居
都從歷史中走回現代

在十里秦淮胭脂地
一幕幕香艷旖旎的往事
董小宛　李香君　寇白門
葛嫩娘　顧眉兒　柳如是
卞玉京　馬相蘭
被浮雕在壁廊上的秦淮八艷
甚至魚玄機　李師師

陳圓圓　賽金花
都在導覽嘴中復活了

夜夜笙歌已滅入歷史
美艷金粉走進了故事
華燈映水
畫舫凌波
在櫓槳欸乃中
船過朱雀橋
面迎烏衣巷
劉禹錫的傷感
在觀光遊樂氣氛中
誰還記得那
「舊時王謝堂前燕」

二〇〇八年二月十六日於烏來山居

作者簡介

麥穗，本名楊華康，浙江餘姚人，一九三〇年生於上海市。一九四八年來台後從事森林工作三十餘年。曾加盟紀弦創立的「現代派」。主編過《林友》、《勞工世界》月刊及《詩歌藝術》等期刊。獲頒五四、中興及詩歌藝術創作獎，詩人節詩運、詩教獎。出版散文、詩論、詩集等十餘種。

林靜助詩品

冬天，最難捱

被冷洌剝盡的樹葉説冬來了
光禿的枝椏顫抖羞澀
台灣的冬季愛裹著濕冷臨門
這時，令人想念紅楓的季節
只有合歡山堆起白雪
人們才感到
冬的可愛

想像過小説裡的踏雪尋梅
棉襖的溫暖　涮羊肉的火鍋

夜市裡煙霧瀰漫的光景
熱滾滾的
湧進迪化街的年味
只是為了去人擠人
就令人窩心

人說一年容易又中秋
還在悠然回想夏日情趣時
恍然又過了冬至
低徊嗟嘆歲月無情
春光明媚的日子最易過
冬的冷冽
最難捱

唉，冬天最好不要來

風雨歲月知多少

踏遍故國江山無情寄
雨動匯集八方英豪
風落春夏秋冬
醞釀著十二生肖眾生相
嘆息顧盼自雄年少輕狂過
讓那風聲雨聲
洗盡鉛華

無情一江春水付東流
老愛感嘆夕陽無限好
驚鴻一瞥那燈火闌珊處
故人倩影不再
有朝一日
頓悟禪意
剝落滿身幸福的塵埃

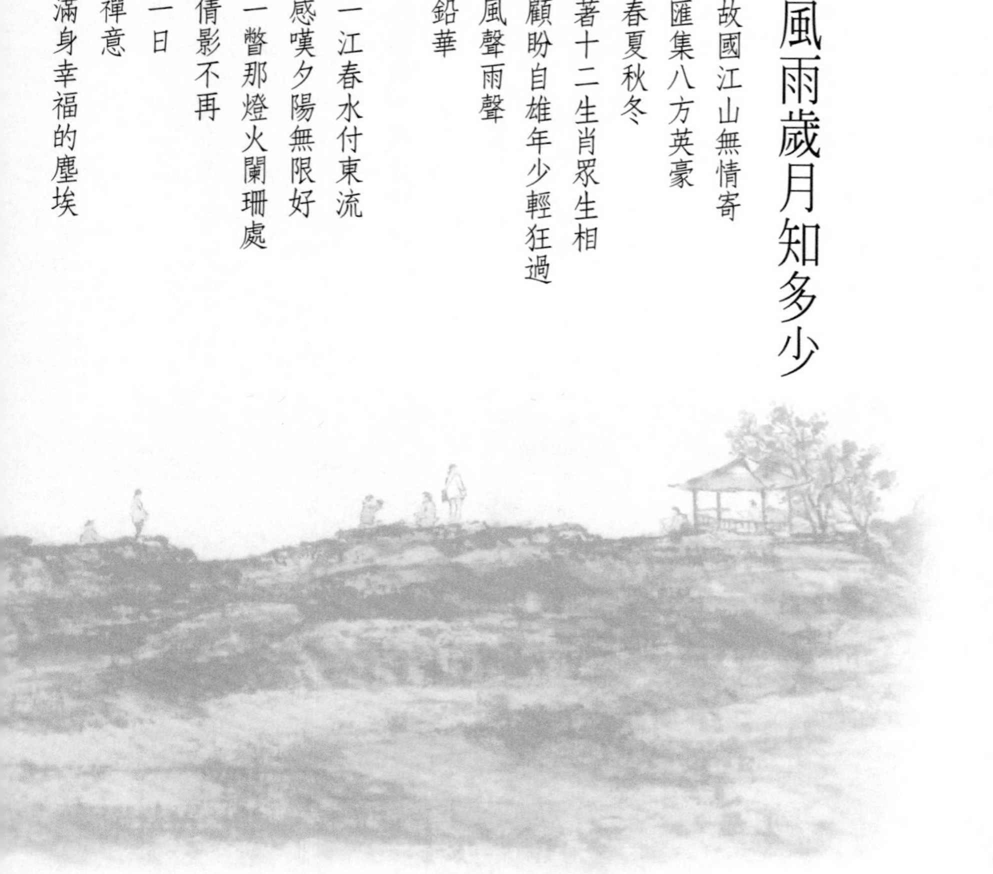

中國春秋

坊間民居案頭
關公秉燭夜讀春秋
菜市場説書者傳述
武松打虎的故事
少年人愛漫遊孫悟空的西遊記
成年人耽緬於梁山伯與水滸傳
還偷窺潘金蓮的倩影和豔遇
淵源蕪雜的傳説
蔓延傳統中國人的心

如今，炎黃子孫流離五湖四海
昨天，還漫遊外太空
北京的胡同生活記憶
隨著老人的凋零逐一逝去
曾經飄蕩到台灣的榮民

找不回自己的原鄉
竹籬笆下的族群
海角七號的那一代
建構了台灣的經濟奇蹟

當代台灣的草莓族
流行網站部落格和火星文
大陸的一胎化世代
萬千寵愛集一身
只要我喜歡沒有什麼不可以
二十一世紀是中國人的世紀
創造「京奧」奇蹟並稱霸外太空
卻遮掩不了流失傳統中國人的心
中國的春秋榮光等待何時？

詩，讓人青春永駐

從生命誕生，萬物都是詩
人類嬰兒的微笑
動物的雀躍
古老人們豐收後
不禁舞之蹈之謳歌
都是對生命的禮讚
一種詩歌的抒懷

從感觸宇宙萬物之美
重新體會生命的成長
活力沈潛連綿
或喜怒哀樂或生老病死
感嘆生命曼妙痛苦超越
不想探究宇宙的終極
唯有詩，讓你感到寧靜致遠

有過中國的詩經
涉獵希臘與羅馬
沐浴過佛陀耶穌基督穆罕默德
看透萬古常新的歷史
發現詩歌是最古老也是最年輕
讓詩情畫意滋潤
讓詩美化心境

追求生命的永恆
不若耽沐於生活寫意
若感到有所缺憾
讀詩讓她燙平我內心的波折
詩歌使年輕人成熟
讓燈火闌珊處的人年輕
是誰讓詩人青春永駐？

回望的心願

歲月像流金
陌生的意識層遞
成長著我
憧憬的願望總待汰沙瀝金
時光磋砣　如夢人生

總愛探討生命的終極
重複在滿足肉軀的欲望
最美好的好像在昨日
瀏覽山光水色的景緻
羨慕那浮生六記

悠然度過平淡的日子
透過頻繁的幸福
時間老是勇往直前

把握不住自己的浪擲
驚覺世間生命的驟然傷逝

太多生老病死從眼前流過
喜怒哀樂衝擊人間世
終究掌握不住心裡的那把尺
韶華荏苒　驀然回首
潺潺流水聲盈耳猝然消失

作者簡介

林靜助，台北市人，民國三十三年生。早期愛好文藝，從事文藝創作，中年創業從事育樂旅遊事業，專擅社團、組織、活動策劃及執行；熱心公益，長年服務於各類社會公益社團，和朋友辦過《曙光雜誌》、《文苑雜誌》。近十年，側重華文地區文化交流活動，參與《青溪論壇》創辦。

目前擔任中國文藝協會理事、中華民國新詩學會理事、中國詩歌藝術學會及臺北市青溪新文藝學會理事長，《藝文論壇》雜誌發行人兼總編輯、葡萄園詩刊社同仁。

多年來喜愛詩創作、文化評論、文學評論寫作，偶有作品發表。向來比較著重於社團活動及推動文化事業，以廣交藝文界朋友爲樂事。

金筑詩品

李中和教授九十晉一華誕頌詩

李公國老　以介眉壽　天賜遐齡　極婺聯輝　　乃
中天下之大本　王道之根基　是國家之瑰寶　祥瑞之徵　　以
和氣致和平　四海晏然　八方寧靜　彰顯民生之盛世　　而
君臨藍綠口水之噴灑　匿居市隱　潛修出塵　　已
福至心靈　天光霞蔚　星月交輝　燦放庚星之煥彩矣　　又
如今　攀上九一生命的榮耀，北斗極光隨音符閃耀　　現
東海泱泱　花浪滔滔　韜光入恣意的高風亮節　　今
海風翻起白浪　浪花濺溼衣裳，寂寞的沙灘　只有我在凝望　　凝望
壽果纍垂　壓低了心隅情餘的枝枒　通過和聲的協律　　竟
比美當年蟠桃盛宴之場景　諸仙雲集　　看
南極仙翁率歌揮棒　旋律悠揚　節奏鏗鏘　　聽
山籟風嘯　響徹雲霄　是引商刻羽的抑揚　天上人間齊發聲　　頌祝

頌祝中和星翁大合唱

南山獻瑞　八葉衍祥
樂只君子　九江之光
樂只君子　樂壇泰斗
樂只君子　萬壽無疆
萬壽無疆　萬壽無疆

二〇〇八年八月八日

後記：李中和教授九江人，是現代傑出的音樂家，曾作各類歌曲一千餘首，及鋼琴等器樂二百餘首，著名的歌曲有《白雲故鄉》《總統蔣公紀念歌》《星月交輝》及《光明的國土》等……如今九十一高齡故以詩賀，教授對我歌唱很欣賞，撰寫屏鎮一幅相贈　其詞曰：

金筑大詩人惠存

金嗓發天威震聾啓聵
筑鳴在人寰養性怡情

李中和撰頌　時年九十一

台北　秋興圖

張大千先生大筆一揮
黑的黑　白的白　密密疏疏
台北的天空就這樣
幾枚線條　濃濃淡淡
幾筆寫意　舒舒散散
幾粒雲朵聚攏青空
高高爽爽
淡淡晶晶
煙霏雲斂
看　漾漾的台北天空
一群雁
振翅翔飛
攀昇　攀昇　要探測大屯山的高度
低迴　低迴　要探測淡水河的深度
戀戀　牽牽　又翔飛往前

航向遠方
伸掌紅的蹼踩
踥蹀青石板的天空
將「人」摹寫青石板上
引頸企盼
那是詩人
最寒冽
最孤高
最寂寞　的清冷姿勢
而蕭蕭的陣列
隱入雲深之最
那背影似一箭鏃
直刺入天際無窮的深深　杳遠
最後
大千居士
將一顆滾燙的印鑑
以紅日之美姿威鎮夢邊的一角

獨飲寂寞

飛濺起台北滿天的金風
把酒的顏色
裝飾在臉上
緋紅中透出杜康的糟香
裸裎滄浪的醉姿
拉扯成詩的形狀
我吸飲的
非煙　非霧
非雲　非花
非明是
花間一壺酒之獨飲
只有一人
偏偏說對影成三人
難怪要到水中去撈月了
淹入酒甕

醃息了生命　千年了
釀不出一句詩來
今晚
端起一杯寂寞
就是長庚凝結的意象
杯底朝天
遺滴下　尚剩一粒星
就這樣　一飲而盡
自然　我不會
絕對不會　趁著月色
到水中把自己撈起來

滄桑史

翻讀史冊
每個字都在哭泣
掩卷閉目
血　滴滴淌

七月的一株荷

淚　串串流
字字　蛻化成春秋

幾片翠綠的荷葉
圓潤溜轉　攤陳唯美的小宇宙

暈染灼焰的一株荷
緋紅的愛戀　放飛一線天
矜持臨風　欣柔的美儀很璀璨
你一臉的恬靜　玲瓏的歌痕笑影
拂過曲院迴廊　芊芊獨艷
擎起的一朵蓮蓬　孤特淨植
川流的光陰在此停棧　留連
遠遠　遠遠
落藉葉央的隻單蜻蜓
半撩半透明　好夢正甜

而汙泥下不涴的藕莖
咬住泥土　播種心事　澹泊致遠
蟄伏層泥的意願　數算悠盪的歲月
等待出土　南柯夢圓

悲情·抓狂

——三一九槍擊案

「砰！砰！」
是槍聲？
有人
應聲　卻未落馬
仍洋洋一付自得
曰：
槍聲
　與對岸無關

與政治無關
乃　個人行為
或老千組頭……
　硝煙未散　何以知之？
　欲蓋彌彰

太史公曰：
　自殺未遂
　三十六策之外者
　騙取悲情之抓狂也
　奸佞傳略憑添一人

作者簡介

金筑，本名謝炯，貴陽市人，一九二九年生，國立台灣師範大學畢業，曾任軍教職多年。

五〇年代初開始寫詩，一九五六年元月，詩人紀弦先生在台北市組成「現代派」，台灣空前極大盛事，轟動台灣文壇，當時加盟者八十三人，金筑忝爲盟員之一，算來已半個世紀矣！至今，仍一直讀詩、寫詩、朗誦詩、評論詩，從事詩藝編輯及交流活動，從未中輟。

曾任《黔靈報導》執行編輯、《葡萄園》詩刊主編，新詩學會理事、中國詩歌藝術學會秘書長，現任《葡萄園》詩刊社長、《貴州文獻》主筆、世界華文詩人協會及中國詩歌藝術學會理事。

著有詩集《金筑詩抄》《金筑短詩選》（中英對照）、《飛絮風華》等，曾獲中國文藝獎章及詩運獎等

洪守箴詩品

北橫雨中行

山不再青翠
為的是
細雨兼輕霧
悄悄鎖住
蜿蜒山路

山櫻搖紅晃白
已不如
陽光下百般誘惑
車已減速
怎耐得了

左轉右拐
專注前行去向
那斜枝奇豔以及
流水輕唱還有
山鳥沖天驚呼
只好辜負如此
盛情迎迓

這款的濕路
凝糊了眼界
盼只盼
雨歇霧散
還我日照
山風徐徐
遠處人家
輕煙裊裊
飄揚怡人情調

註：今年新春初三，由小女開車，與大姨全家，兩部車由台南出發，先至南投埔里小宿，再北上復興鄉走北橫至宜蘭，雖未飽覽北橫美景，然雨霧穿梭，另有不同感受，特誌數語。

馬告神木園巡禮

霏霏微雨
引來綠的風潮洶湧
驚醒諸花群起喧鬧
這正是三月某時辰

碎步叢林小徑
走訪百代前生預約
已佇候數千年
始晤面的
百位擎天巨人
在此孤山翠碧空濛時分

都市裡的心靈醜陋
比不上此刻安詳

孔夫子的教育方案
包青天的辨忠奸
華佗的術德
唐太宗的盛治
李清照李後主李商隱的詩詞
還有施耐庵是否
在寫今日啓示錄

那株株
挺拔軀幹
蒼蘚綿密黏附
群木枝葉蔽空
久遠盛事
難能叩問

註：二〇〇七年三月某日與親友六家，至棲蘭山馬告神木園。該園擁有千年神木百株以上，全程參訪行程約二、四公里，需時四至五小時。每株神木依年代長短，與古人相同者命名。

訪奮起湖瀑布

小徑纏繞青山
循聲
探訪亂溪水處
悅耳的呼喚
拉得比小徑還長
被千萬新綠
簇擁的心情
難能描摩
佇立青苔上
細看天水飛墜
人人稱此
獨步無雙

陽光下多角度現彩虹
釀造化外風情
聆聽隱者的告白
領悟智者的風采
了悟另類原住民的行止
任水珠兒撲衣輕濕
一臉清涼
煩惱臨風盡散

臨茶山吊橋有感

無絕尖峰巒
有崖岸翠谷
泉水湍急馳騁
雲霧熱忱
傳播兩岸風情
橋
小心翼翼

懸
空
跨過
藤蔓攀爬
呈獻小小山花
驚撼綠叢
枝梢風動
偶來的步履
輕輕
橋面吻
送爽清風
晃出遐思
晃脫凡俗

釋緣

如此時分
惦念

是持續時緣
在此境地
惦念
是久藏方寸地緣
這樣的觸物
盈握的惦念
是諸物之緣
伊是小女同窗年仿
似蝶翩翩
穿梭瞳中
飛出濃濃的惦念
難能釋卻情懷
牽引
深嵩難測的
親情
這該是
人云人殊

各自表述的
人緣

註：同事鄭小姐與小女同窗且同年，兩年來見伊如見小女，特誌釋緣以爲念。

作者簡介

洪守箴，筆名洪荒，國立高雄師大教育系畢業，教研所結業。曾主編台東青年、南市青年、屏東青年，出版散文《第一聲蟬嘶》及詩集《洪荒歲月》，現爲葡萄園詩刊及海鷗詩刊社務委員。一九七七年獲中國語文學會頒發語文獎章。

雪　飛詩品

我的夢

夕陽西下
我的夢
還散步在花花世界
欣賞妳的美

黑夜來臨
我的夢，就要
安息在白色的玫瑰天堂
請妳送給我
一朵紅色玫瑰

二〇〇七年十一月三日晚

不修邊幅的花園

你的詩心
像一座不修邊幅的花園
有愛好自由的生命
有浪漫的氣質
已孕育出青春永駐的長春花
綻開出朵朵浪漫的詩句

你那心園裡長春花
更帶來滿園春色
有白的、桃紅的、紫紅的
有白花紅心、紅花紫心，更有紅花紅心
每天都有新的花苞綻放
新花、舊花，此開彼謝或彼開此謝
在你的園中
天天都是百花盛開的春天

日日春，成了花的雅號

日日春的花朵們
已綻開出多少青春浪漫的詩句
戀愛的、多情的、美的
即使「人面不知何處去」
只要有「桃花依舊笑春風」
那寂寞的「都城南莊」
就能青春永駐

在你不修邊幅的花園
只要出現白髮紅顏相對吟
也吟出一朵愛情長春花
立刻就有人出來為你戴帽子
其實那頂帽子
才真是自由浪漫的桂冠

二〇〇七年十月二十日

附註：「都城南莊」，即唐朝詩人崔護的詩：「題都城南莊」的題之所指。

捷運世紀狂想曲

二十一世紀
是個匆忙的捷運世紀
我們每天都搭乘
狂飆的捷運車
在快速的運輸系統來來往往
與時間拔河

車中滿載不同的乘客
有哲學家、科學家、藝術家
有詩人、舞女、政客
有年輕的小辣妹，風流的老頑童
滿滿一車都在追求快速
快速的節奏已譜出新的樂章

在這流行快速的新世紀
一切都講求快又要充滿狂熱
我們學習要快，工作要狂
官場中搶「位子」更要快中加快
唯有善用這輕快的節奏
才能譜出瘋狂的旋律

在這大跳 Disco 的年代
你不瘋，別人瘋
你不狂大家都在狂
來吧，朋友們！讓我們也來
載歌載舞，合唱一首
捷運世紀狂想曲

二○○八年四月二十五日

Lunada Party

——墨西哥之夜的海灘 Party

在月之女神
露娜溫柔的微笑中
在那照耀過無數
古今中外名勝的銀色月光下
今夜我們盡興的
自由舞蹈在這細沙的海灘
各跳各的舞步

你、我、他、或她
來自地球不同的經度和緯度
你講英語，她講西班牙語
我講道地的中國話
雖然語言不一定能溝通

但當眼神彼此接觸
Good morning 或 Good night
就從自己的口中溜出

我們大家都有
同樣的熱情，相同的夢
要用自己的舞步
配合音樂節奏
舞出自己身段的曲線美
舞出愛的世界
美的多彩多姿的樂園
展現愛與美好的和平

今夜，在這
最美好的時光歡聚
我們一邊跳舞，一邊吃餐點
一邊說說、笑笑

我們正在共同
創作一首最美的詩篇

二〇〇八年十月二十六日晨

・記本月十三日夜，在墨西哥 Emporio's Hotel beach shore 舉行的 Lunada Party。Luna 爲羅馬神話中的月之女神。

作者簡介

雪飛，本名孫健吾，美國世界藝術文化學院榮譽文學博士，秋水詩刊副社長、青溪論壇社長。長詩曾獲銀像獎與金環獎，並獲詩運獎。二〇〇八年，在墨西哥二十八屆世界詩人大會，榮獲詩的金牌及證書，並另加褒揚（Citation）。已出版詩集有《山》、《大時代交響曲》、《雪飛世紀詩選》、《歷史進行曲》，及詩論合集《滑鼠之歌》。

魯　松詩品

老爺酒店

像彩蝶棲息在花叢間
雖非久居之地
難為偷得浮生半日豪情

將自己變裝成紳士
以五十步笑百步
忘掉顏色的深淺，季節的變更

玩時程也要有設計
而這裡並不寧靜
小麻雀吱吱、喳喳的擾人清醒

靠山吃山，靠水吃水
誰管他升斗小民，仙鄉何處？
一宵風流債！

明日又天涯，各奔前程
戀戀紅塵，花開、花謝
欲將春留住，何須燒夜香？

悲情劇場

實質上死亡有多重意義
何須再為「禽流感疫區」背書

譬如飆車、槍擊、自殺潮
在戰場上，可算是小巫見大巫了

誰不願一條路走到天黑？

台下沸沸揚揚，台上一聲冷笑

而漁夫不怕水星星
鐵匠不怕火星星

有司不識民間疾苦
總把枯骨當柴燒！

大城小調

三角街，是都市的窮巷
風光過後便歸於平淡
往昔的人物，透過時空的掩映
日復一日的流動
呈現一處絕代的風貌

無論餐廳或旅舍
極盡阿諛之能事

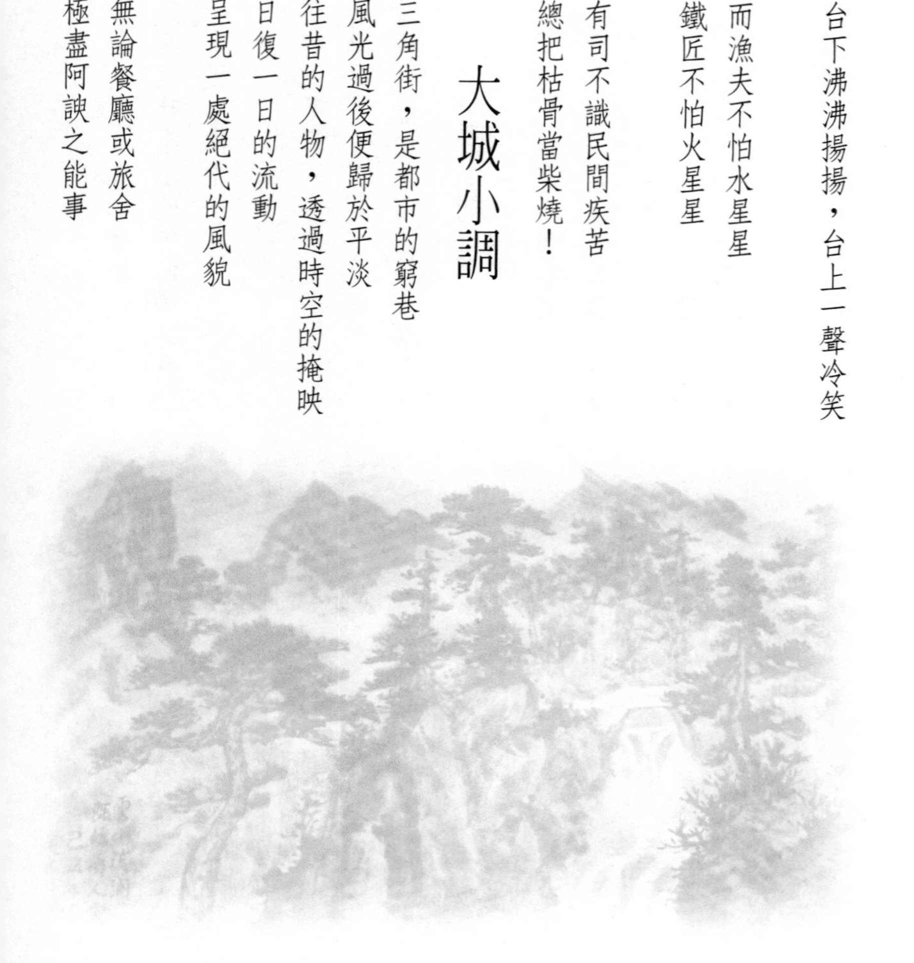

留不住權貴，放不下身段
販賣的聲浪叫囂
為烏煙瘴氣的市容遮醜

其實，沒人留意過街的年齡
柏油路斑剝的痕跡，修修補補
無視於行人，車輛的安全
無視於要訴說的故事
能否包羅住謊言？

無視於文明與荒謬的分野
有位算命先生擺著卦攤
嘴中唸唸有辭
今天，顧客不上門
且等明天再說

門裡、門外

那人，自遠方歸來
凝視著一道灰白色的院牆
大門緊閉著，久久無人進出

房舍似乎矮了一些
記憶中，院子裡該有兩株杏樹
杏黃滿枝椏

那年，小燕子回來覓舊巢
繞著圍牆兜圈子
不忍回首，毅然唱別離

行囊放置柳樹下
拋卻悲歡的外衣
這門呀，還是不進的好！

濁流，錯誤的浪潮
門裡、門外
畢竟能有多少距離？

私釀

黎明前牽起貪睡的眼神
走進群山環抱中
尋覓昨夜遺落的星子
採一籃成熟的桑果

像馬奶子一樣晶瑩的紫葡萄
裝進磁罐，加入適量的砂糖
以少許花雕作引子
放置於陽光的背影裡

貧居陋巷無嘉賓

彌月之期，開罈十里香
三五老友，人手一杯
笑嘻嘻，醉了！醉了！

脫　髮

光禿禿的頭頂
宛如「九二一」震災後的九九峰
被剝掉了一層皮

那年，情殤之後
顏色質變，醞釀向背
由核心地帶向四週擴散

蒼蒼者或化而為白矣
有的乾脆出走
轉移陣地，另謀發展

脫產原始的叢林
長袖善舞，然後
橫眉、豎目，回討青春債
而童山濯濯，老邁年高
載起一頂氈笠兒
曰：「年紀大了，尚經得起風霜！」

作者簡介

魯松，本名孫宗良，山東即墨縣人。一九三〇年出生，國防醫學院畢業，歷任軍職三十餘年。退伍後曾任社區診所主任十二年，現已退休。現爲世界華文詩人協會理事，中華民國新詩學會會員，中國詩歌藝術學會會員，葡萄園詩社副社長。著有詩集《蒼頭與煙斗》、《鑼聲三響》、《霧鎖陽關》、《魯松短詩選—中英對照》、《雲山蒼蒼》五本。

王幻詩品

天安門的沉思

北京城的天空
一片灰濛陰冷
看不見春煦三月的笑顏

我巡行天安門廣場
與自命為「風流人物」
不期重遇

記不清在此
咱們打過幾次照面

祇因來去匆匆未曾交談
今天我停下腳步
當彼此的四目注視
我兀自想起王莽和王安石

前者要復古井田制度
後者要維新推行變法
最後皆草草了事

而你則倡導人民公社
結果搞得天下一窮二白
連麻雀也要趕盡殺絕

因此你身後的評價：
建國有功、鬥爭有過
至於文革認定有罪

是故把你吊在
這面封建的高牆示眾
成了觀光藐視的景象！

二〇〇七年三月二十日於北京旅次

爲奧運聖火乾杯

我選在八月一日
清晨自桃園國際機場出發
直航四小時抵達北京
來喝久違的下午茶

之後，我把目光
盯釘在故宮的午門
看奧運聖火自眼前點亮：
同一個世界，同一個夢想

一棒接著一棒的聖火
傳至八達嶺登上萬里長城
蜿蜒出一條金甲的巨龍※
頭角崢嶸，活靈活現

舉辦二〇〇八年奧運
展現中華文化的輝煌
我有幸　躬逢盛會，樂得
為之喝采也樂得為之乾杯！

二〇〇八年八月八日於北京旅次
九十七年八月二十八日世界詩壇一三九期

※當聖火登上長城，城上出現黃色背心的人群，敲鑼打鼓蜿蜒數里之長，並有巨型龍頭的影象在空中俯昂，十分活現壯觀。

老樹之歌

每每看見
小枝小葉的小樹
天真活潑，迎風搖擺
我的心裡，就充滿了
無限的欣喜

這小樹將會成長
大枝大葉的大樹
讓春孕的小鳥得築巢
讓牧牛的小童得歇腳

當然也可在
樹蔭之下，乘涼聊天
無視於世代的輪替
無視於人情的冷眼

我立於斯
立成一株老樹
終日聆聽：老枝老葉
風也蕭蕭，雨也蕭蕭
若吟哦平仄的古調！

二○○八年中秋颱風夜
九十七年七月二十五日世界詩壇一四一期

笨馬非馬話名駒

——孔子成春秋，亂臣賊子懼

世無伯樂
安有千里馬？
周穆王的八駿名駒

被視為神話中的神話
三國流傳：
人中的呂布
馬中的赤兔
京韻戲曲，婦孺皆知
但可悲可歎的
小白臉呂布是一個
無謀無智中看不中用
之匹夫
他辜負了善戰的畫戟
也辜負了善聘的赤兔
最後黯然走向
自作孽的斷頭臺
那漢武的大宛馬
那唐宗的獅子花
至今似在揚蹄嘶鳴
仍想喚起戰鬥的春夢！

二○○八年十月一日於晚吟樓
九十七年十月九日世界詩壇一四二期

作者簡介

王幻（一九二七～），男，本名王家文，山東蓬萊人。東北大學中文系畢業。曾任新聞通訊社社長、總主筆，香港《萬人日報》臺灣分社副社長，《自由新聞報》採訪主任，中國文藝協會、中國新詩學會、中國詩歌藝術學會理事。曾主編《桂冠》詩刊。創作文類包括論述、詩、散文、傳記，此外還有古典詩及古典文學的論述、評傳及畫傳，範疇甚廣。出版有《秋楓吟》、《晚吟樓詩文集》等十餘種。

徐世澤詩品

棉堡石棺

你曾經尊貴列入豪門
獨寢於高潔地域
斷垣石墩沒讓你失眠
棉堡美景不曾擾你清夢
遊客足跡增添了你的光榮

穿越兩千年狼煙烽火
覆蓋著傷痕淚跡
傲骨雖然不見
但仍令人憶起
當年石棺裡外的情景

註：棉堡是土耳其重要景點，其石棺係東羅馬帝國皇宮遺物，入葬之富豪貴族屍骨已全無。

醉紅小酌

春雨綿綿
寒風將我吹進了醉紅小酌
讓我像嚼花生米似的
嚼著詩句

周公忽而問我詩的寫法
我說寫詩如流水
如何繞過暗礁
避開混濁危險漩渦之後
風平浪靜時
清澈的水便是一首最美的詩
坐在鄰桌的先生

右手向前直伸
左手用筷輕敲茶杯
感性奏出敲打樂
朗誦聲發出了詩的鏗鏘

兩人相視而笑
以不同的唐詩記憶對話
各自表述一番
這樣一場下午茶
沖淡了暮年的寂寞

寂　寞

一個模糊的影像
穿過落地窗的玻璃
似有冷風吹拂
臉像貧血病人一樣蒼白

額頭凝結著憂鬱
豎起耳朵　諦聽遠方
度著每日同樣顏色的歲月
折疊在生命年輪裡的悲哀
面壁冥思　裁詩送夕陽

冬　雪

你邁著沈重的腳步走來
帶來冷冽的氣息
為山　為樹　為草換裝
大地因你而變得岑寂

你在陽明山上
偶爾舞成一幅玉樹銀花的畫面
我馳目騁懷
彷彿看到在你背後的春天

死亡之旅

霧濛濛的清晨
老翁如往常一樣外出散步
滿腦子兒孫的笑語
是他一整天開心的
源頭活水

突然，一股萬鈞力道
如迅雷衝來
他像一棵枯樹倒下
後腦頓遭嚴重撞擊
血像關不住的水龍頭
從染紅了的內衣中流出

十指痛如針刺
眼前一切恍若天旋地轉

身體不停搖晃
昏迷如墜入深淵
瞬間，心跳停止
進入死亡之旅

之後，腳趾手指有點顫動
眼睛微微睜開
而且張口說：
「回家。」
他戲劇性的醒了
真是不可思議

風

當我開始時
趕走四周的寂靜
萬物因我而有了生氣

我花葉上低吟
在樹枝頭詠嘆
在山谷中歌唱

我舞弄纖纖柳枝
舞動落葉紛紛
舞出滔天波浪

我時而溫柔
時而狂暴
善變是我的天性

詩畫

春雨輕柔
纏纏綿綿
那霏霏雨絲
一片一片如亂針刺繡

我詩情畫意的心田
舞弄細雨
秀出新寫的詩篇
展示光芒閃爍的新畫

作者簡介

徐世澤，江蘇東台（興化）人，一九二九年生。國防醫學院醫學士、公共衛生學碩士，足跡遍六十四國。曾任醫院主任、秘書、副院長、院長、雜誌總編輯等。出版《擁抱地球》（正字版、簡字版）、《思邈詩章》、《並蒂詩帖》及《健遊詠懷》等。

曾獲教育部詩教獎。現任中國詩人文化會副會長、乾坤詩刊社副社長。

金 劍詩品

暮晚情深

——寄不出的詩箋

那朵矜恃亮潔的玫瑰
曾開在南台灣璀璨的春季
擠滿想攀折的人　以瞻仰的目光
讓妳接受愛神的箭芒　那洋溢著朱麗葉的誘惑

妳這朵原享有田園生趣的玫瑰
卻飽受砲火的洗禮　踟躇在校園的英雄
眸光如同閃電　倩影如雲幔徐徐張拉
在無數人心中起伏　激起愛慕漪漣

已往矣　早歲依戀的花間奇葩
那些尚未褪色的思忖函箋確值回味
已往矣　人生總是造化無常
無耐心等待妳賜予的濃情蜜意
真誠的愛情如噴泉　須日夜不停的貫注
已往矣　彼此的尊重維護了盛結碩果的光澤
那無時不在自責愧疚的夢中度過　決非移情別戀
妳那清脆甜美的笑聲　將是深藏在心靈的音符
跳躍在生命的旅途和歲月的年輪迴轉

妳永遠在我的眉睫舞蹈盤旋
妳永遠在我的腦海投映儷影
妳的芳蹤使原野溢香延伸
妳的臉譜使群花失色驚艷
已往矣　遠眺淡海日落　峰巒漸隱
那昔日將軍府的錦幕低垂

那昔日盛開的玫瑰園改觀
已往矣　我的春日愛苗已早偃
已往矣　我的夏日情蟬已安眠
再見　那早熟的玫瑰　忍不住情燄復燃
即將凋謝的深秋序幕　已人靜更殘
那永難遺忘的昔日戀侶啊
是否能憶及當年手捧鮮花情箋呈獻的伙伴
如晴空斷線的紙鳶風箏　早作塵海孤鶩飄泊離散

二〇〇八年六月十一日晨脫稿於台北的第一首戀詩。

生死歸自然

無須察驗地脈風水之方位定點
無須作青龍白虎朱雀玄武等之安排
不如作海葬火葬或懸空高掛
任海浪吞噬　火神接納　風雲舒捲

我屍我骸來自人體　歸依自然大地
我血我肉我靈為自然所養　當為自然陪葬
即使化為飛蝶雲雀　燈蛾螢蟲　龍吟鳳翔
同樣能美化自然　作歷史之見證與説項

無所謂建造陵寢　宏墓佳城表彰
無所謂寫傳作誌　自我膨脹宣揚
死如燭熄燈滅　死如地泉涸竭
死如晨露不降　暮雲撕裂
死如鑼鼓停敲　幕謝扉掩
死如花蕾墜地　魚蝦爆斃河床

我思我想故我在
我生我死難衡量
留得青山不愁柴
人生悲劇自收場

二〇〇八年四月廿五日晨台北

彩色天地玲瓏心

如果天地不受彩色的浸潤渲染
那是黑白相間的對比　無限混沌和陰沉
祇有彩色絢爛光華的歲月輪轉持續
人類才有美夢　歷史才有新頁稱誦

生命必須彩色渲染成長
靈魂必須彩色薰陶發光
登峰造極的藝術作品是彩色的組合
流傳不朽的文學作品是彩色的擴張

無限時間的空白是停頓死寂
無限歷史的黑暗是窒息滅亡

讓我們投入彩色的夢境
讓我們沐浴彩色的潮流

那彩色的春天　無分藍綠
那黑白的寒冬　枝枯葉黃
那五彩繽紛的年代　有無數玲瓏心的醞釀
那多彩多姿的願景　有無數玲瓏心的交匯
瞧那信口雌黃的烏鴉醜陋嘴臉
何能效法浴火鳳凰的高範德風

懷仁孫滿六歲贈言

司馬光六歲時
凜然如成人　性不喜華靡　動輒羞赧捨棄錦衣玉食
梁啓超六歲時
讀完四書詩經　已能吟善道　仰天思索矜笑自得
啊啊　那生性簡樸　機智聰穎的自然流露
懷仁孫啊　何幸能踏進崔門　成長於寶島美城
如陽光下的幼苗　攀雲摘星的巨樹
你應堅守基石根源　跨步那條彩虹陽光指引的遠路

不宜祇知嬉戲和獲得親人嬌寵
切記那條人生也有坎坷的旅程
時代風雲的襲擊　由不得你畏縮觀望徘徊
可貴的一時親情扶持　終賴你在寒風苦雨中拼鬥

適應於人間錦繡大地　不斷效法學習前賢品行
謙恭誠懇禮讓　讓你獲得更優厚的人生智慧
萬物靜觀皆自得　四時佳興與人同
青山自有林木旺　碧海自有網魚舟
懷仁吾孫　無所謂天才神童
無所謂祖上餘蔭　不勞而獲
唯有自立自強　始得人助天助
懷仁吾孫　命運掌握在自己手中
不斷底增進生活的技能美德　才有濟世的風範

二〇〇八年十月十日晨脫稿於台北
九十七年十一年六日世界詩壇報一四四期

悼經營之神王永老

一株風雨中成長的海島幼苗
居然撐起一柄世界性的企業巨傘
如龍樹象背的不斷延伸探測載負
工業和科技的交互開創盤整興建
無數的工廠和科醫院校如叢林展現

稱其為石化導師
稱其為塑膠教父
稱其為經營之神
稱其為工業鉅子
他卻無動於衷　依然虛心求教　我行我素
習慣以便當裹腹　以粗布遮身　以破鞋遠行
慢跑長途　闔目養神　精記勝算
他就是昔日米店學徒　運材司機　工廠小工
王永慶在此「勤」「儉」二神護法　石敢當　誰敢當

不善言辭　難得豪笑　如老僧入定求渡
他就是永立不搖　寬人薄己的王永慶
他就是名震全球　能與松下幸之助賽跑的強者
台灣玉山登峰造極　王永慶風霜中邁步如朝陽
終以一、六噸檜木壽棺入土　以文集紙筆伴眠讀寫
供後世人再網撈自然海洋的財富以濟世報國

二〇〇八年十月廿五日脫稿台北
九十七年十一月二十日世界論壇報第一四五期

作者簡介

崔焰焜，筆名金劍，現年七十八歲，河南省光山縣人，民國三十八年投入革命勁旅，曾畢業於政治作戰學校第七期政治科，歷任軍職，於民國六十年以陸軍少校退役，復轉任高級中學教員、組長、秘書等職。公餘之暇，從事文學創作，計出版作品小說、散文、詩、文學批評等廿種，屢獲國內外文學獎多次。

魯　竹詩品

華爾街探戈

情報虛虛實實
誤讀了的風向
慢半拍的配樂
解讀不了市場

慢慢　快快　慢
探不了底的市場
左左　右右　左
測不了金融海嘯

美金失血

超貸了的銀行
信用掃地
寅吃不了的卯糧
誰能說明白
誰在說真話

紐約七號地鐵

不能放風箏
在曼哈頓地層下

愛放風箏的東方人
讓七號地鐵　衝出
地層　奔向青空
直通法拉盛
心繫未斷線的風箏
在高架鐵道上

二〇〇八年十月十八日柯羅拉多高原初稿

琢磨一個簡單音符
在未迷失的方向
讓
　夢
　　高高掛在
　　　青空

註：1.紐約七號地鐵是從曼哈頓到新華埠皇后區法拉盛的專線，築於起站時報廣場的底層。
2.法拉盛是追逐美國夢的新僑集居地，有小香港、小台北、小上海、小漢城之稱。

斷線的風箏

——悼　吳望堯（一九三二——二〇〇八）

一

一隻斷線的風箏

熱愛鄉土的詩者
「可以興，可以觀，
可以群，可以怨」的
鬼才

來自東方的
君子之國

一顆藍星
隕落在七月

「割斷三寸的時間
白髮的君子去自南山⋯」
記得四方城裡的中國人
你從秋天去

你從秋天來

二

斷線的風箏
出生在東陽
詩作在台北
曾為西貢人
風箏飛南美

熱心不忘詩歌
創作寫太空寫海底
寫小詩寫長詩

創業有成熱心慈善
捐詩獎獎勵創作

「走完了空間的路
一個指數指引我歸去」

安息吧　巴雷
藍色斷線的風箏

二〇〇八年十月二十一日柯羅拉多高原初稿

窗外有風鈴

雪掛在風鈴
鈴聲丁零
冰掛在風鈴
鈴聲叮鈴

緣掛在風鈴
鈴聲丁靈
心掛在風鈴
鈴聲叮嚀

夜長難得冬眠
望春風
風和叮鈴不丁零
詩風起
叮嚀 丁靈 叮鈴

二〇〇四年二月四日柯羅拉多高原

拿瓦荷密碼

・時事抒情

印地安戰士 呼風喚雨
在二戰中 鬼子抓頭皮
截到蝸牛般吐詩情報
卻無法解讀兵法
花旗陸戰隊出奇招
拿瓦荷族母語

傳遞軍情機密
困惑鬼子　樂透牛仔
南京大屠殺的怨魂
借印地安人肉身
蝴蝶夫人的旋律　登陸
硫磺島　招降太平洋的皇軍
之後　花旗三軍勤讀老莊
孫子兵法

註一：二〇〇一年七月二十六日，布希總統在白宮，授勛給二戰時服役海軍陸戰隊的拿瓦荷族印地安人，創用母語密碼有功。

註二：故事拍成電影，二〇〇二月六月十五日在美國各大城市首演。

作者簡介

魯竹，本名盧傳洲，一九三四年出，浙江鎮海人，專業工程師，經濟學人，研究分析帶頭者，退休後任專欄作家及社會義工，旅美加四十六年，中國文藝協會第一屆文學研習班結業。

秦 嶽詩品

失眠夜的奇想

唉唉
失眠的夜
把夜敲碎
會不會有明亮的光線透進來
把夜敲碎
會不會有溫馨的真情傳過來
把夜敲碎
會不會有輕柔的歌聲送過來

把夜敲碎
會不會有不眠的雙眼閉起來
把夜敲碎
會不會有優雅的琴音響起來
把夜敲碎
會不會有淡淡的鄉愁襲過來
把夜敲碎
會不會有不朽的詩篇噴出來
把夜敲碎
會不會有意外的奇蹟冒出來
唉唉

失眠的夜

詩念木斧

·敬致詩人木斧

彩裝之後
你以小丑滑稽之英姿
遊走在舞台之間
扮演另一種人生

你以敏銳的雙眼
洞察人間多變的面貌
你以逗趣的話語
帶給觀眾開心的歡笑

卸裝之後
寓居在寧靜的向陽的沐虛齋

閱古覽今
沉思冥想

你舞動著如椽的彩筆
抒發心中塊壘
揮灑人世間的
喜　怒　哀　樂　愛　惡　欲

於是
一篇篇不朽的詩作
供世人朗讀傳誦
永永遠遠

夜·醒著的我

夜——
留下一片寂寞

黃河奔流不息的水
依然滾動著千年不變的浪花

河邊只有我獨自一個
我望著黃河　黃河也望著我

廣漠的大地
只有黃河與我

夜——
留下一片寂寞

太行山蓊鬱矗立的林木
依然翻騰著綠色的波濤

山上只有我獨自一個
我望著山　山望著我

遼闊的森林
只有太行山與我

夜——
留下一片寂寞

詩寄彩羽

當我死了！朋友
不必寫詩悼我
——彩羽

終身讀詩　誦詩　吟詩　寫詩的人
驟然棄詩而去　口不再言　筆也停揮
作為詩人好友的人
怎能不以詩來投射你的靈魂
只是　如你所企盼的

筆尖沒有流瀉點滴悲哀
雙眸未曾擠出半點清淚
驚訝之餘　暗中慶幸你墜入千年夢境

死亡織就的網　千古以來　牢固無比　威力無窮
無一能遁逃　無一能倖免　無一能遺漏
而你呀　彩羽　在朋友子女的喜宴中
縱情豪飲　居然長醉不醒

蟬蛻龍變　棄世登仙　神友造化　靈為星辰
隱沒於無窮的夜空
你是最遙遠　最凜冽一顆星
令人猜測不透的神秘

清明時節

清明時節
雨紛紛　的　落著　落著

想俺娘墳頭的芳草
在近黃昏的時刻
萋萋地　萋萋地搖擺著

路上行人
欲斷魂　的　走著　走著
想故鄉家園的門鈴
在暮春的季節
默默地　默默地指引著

借問酒家
何處有　的　異鄉人
企圖藉由香醇的美酒
在歸家的途中
澆息燃燒不止的千古鄉愁

牧童遙指

杏花村　的　最深處
飄揚著嘩啦嘩啦的旗旛
跑堂的小夥計
能不能告訴我回家的路有多遠

九十四年清明節

在金門碉堡中

流星雨似的
一枚一枚的砲彈
落在金門的大地上

燃燒著的火焰
灼傷了大地的肌膚
炸醒了人們的美夢

砲彈的碎片
從碉堡的射擊孔飛了進來

打破了我的寂寞

嚼著餅乾　吃著豬肉罐頭
冷落了的金門高粱
猶自散發著濃濃的酒香

高粱桿無語的彎下了腰
打量著自己面臨的厄運
決不是酒　就能解的愁

一天的寧靜換來一天的喧囂
彷若久旱逢甘霖般
人們枯寂的眼神　期盼永久的安寧

醉憶西湖

湖面如鏡
晶瑩剔透

映照著多少年代的盛衰
傳唱著千古流傳的韻事
徐徐清風拂面
陣陣荷葉飄香
雲在天空盤旋　以多變美姿
投影於湖心
和我一樣
意欲探索西湖的奧秘
是世外桃源
是人間天堂
讓青春在此停格
讓年華在此典藏

作者簡介

秦嶽，本名秦貴修，一九二九年生，河南省修武縣人，師大國文系畢業，先後曾任教師、主任等職，現已退休，目前爲《海鷗》詩刊社長兼主編，已出版詩集《井的傳說》、《臉譜》、《夏日・幻想節的佳期》、《山河寄情》，散文集《影子的重量》、《雲天萬里情》、《山水浩歌》，及論著《書香處處聞》、《書海微波》等。

潘　皓詩品

跳躍式的海景

——採自淡江夕照精雕的藝術動線

·
走下紅毛城，瞬即被
漁人碼頭的拱橋
接駁到水湄那吊著降落傘的咖啡屋
啊！這不就是老人與海嗎

·
於是，夕陽和山水
為我泡一杯三合一的詩之露

濤聲因風起
向巴士海峽奔騰

・

而凝眸忽地飛出，看天外
那片帶有些淒涼隱痛
跌蕩著飄浮之美未了情的雲煙，該是
張愛玲《海上花》的遺稿吧

・

此際黃昏雖已濺淚
但我若是雪巔上的那抹彩霞
即令只剩下殘燼
也要把西山燒成楓海

孤鳥

從凌風的寥落到狂飆的
寂靜之盤旋與跌宕
無非青空的那朵雲在翻騰

之後進入潛隱而把他
亮麗的翅膀覆蓋在一塊僵硬的石頭上
傾聽大地呼吸。但掠過
耳際的竟是些霧煞煞的口水
所噴出的齷齪嗆聲
然而只有憤怒的海為拒絕污染
連忙捲起一波波消毒風濤

所謂孤鳥　有云是詩人
在捕捉靈感的風采
就像有些弱勢菁英的少數在面對
這墮落的社會而不願見到
金陽失色、星月幽冥，被晦盲
與黑暗所籠罩擠壓出一種欲飛且上的踟躕
於是，只好將眉頭乾脆鎖在
懸崖之上，讓絕望帶著燃燒的眼神
咬著牙默默地把一個患有

躁鬱症的太陽釘死在西山湖底

儘管，破碎的憧憬有如啜泣
焚燃的山林被火所埋葬
而您或我既非這島上的中杜鵑
屬於寄生的一群，也不是
來自另一世界之另類的一枝漂木，經過
風雨淬煉，他那移植的根鬚
已隨著這裡的陽光、土壤、氣候
像游絲深入地層下
挽著一條怎麼也剪不斷的
臍帶而抱頭放聲痛哭

但是，我們絕不能就這樣
躲在冷凍庫裡用夢魘
洗滌胃壁上的恐懼，使心靈板塊
在午夜遭到無聲的撞擊

相對的應以詩的語言、張力，從那
金波浩瀚的海上撈起最初被擱置了的願景
再肆歸回到原始的最高潮
好為藍空那隻孤單的身影塑像
切莫讓殘形自相吞噬
把所有山林都燃燒給烽火

此際秋末的落日忽發奇想
有意把山間的楓火
潑灑為雨後的雲嶺夢幻霓虹
期盼激盪的海能掀起
新一波新古典主義的浪潮，好讓孤鳥
從人文沙漠灘頭聳身跨越
搭乘世紀的風而將他那僅剩的
兩片薄翼注入青雲
與天比高、澎湃湧動，自會
爆增為幾何學的能量

人不是鳥，為何把自己
關進都會的叢林裡
雖然玫瑰滿枝頭，卻也走不出寂寞
每天則只有以無奈去閱讀
那充滿著怪異的荒誕而失聲發笑
雲仍在飄，風仍在吹，大海仍在雕塑著浪花起舞
但不知為什麼？只有人文與
社會核心價值的觀念變了，而且在這
島上，有群灰色怪獸
終日踢著火球在比賽瘋狂

而且，而且以自閉心態
關起門來打造劇本
將不知如何面向世界化的地球村
在國際的舞台上演出
因為雲與海原本是無邊、無際

誰也無法把它切割、分開
這只有從繁殖孤行主義的源頭去尋找自我
設限的原委，才能穿過——
已被窒息了的良知孔道，跳出那灣
蒸煮著屍臭味的腐爛淵藪

其實孤鳥並非那塊頑石
只因所想多屬夢景
或後現代，激不起浪花，甚至
被冷落到冰雪的窘境
但每當他的羽翼隨著微風自
社會的叢林枝頭輕輕掠過，夢與憧憬
便會相繼湧現。那末
就讓他敞開胸襟，面對著無相
以一片無疆界的大草原
去擁抱他那份理想的堅持吧

二○○四年七月十二日於台北哲思工作室

作者簡介

作者潘皓教授，一九二九年生，安徽省鳳陽縣人，國立台灣師範大學教育學士、碩士，美國世界藝術文化學院榮譽文學博士。從事教學及社會工作之研究近四十年，曾任中國文化大學、東吳大學講師，副教授及教授等職。現任南亞技術學院客座教授，朝陽科技大學教授，中國社會工作協會副理事長。著有：《哲思底視界》、《均富社會與經濟發展》、《民生主義經濟體制》、《中國社會安全制度之規劃與實施》、《中國社會福利思想與制度》、《研究發展與社會安全》等學術論著，及相關論文五十餘篇，頗受海峽兩岸學術界之推崇。在文藝創作方面，曾著有散文集《流水十年間》、《天涯共此時》。詩集：《微沁著汗的太陽》、《在莒集》、《夢泊斜陽外》、《雲飛處》、《雪泥煙波》及《哲思風月》等集，尚有《野農詩之錄》亦將陸續出版。

琹 涵詩品

尋 春

東風緩緩吹
吹得百花遍地開
深澗有鳥鳴
唱得萬物甦醒來
尋春的人兒絡繹於途
我且向枝頭
採得一朵春韻
歸來
藏在我的夢中

九十七年九月十四日

人生思索

未來
在路的盡頭
在雲深不知處
也曾跌跌撞撞
更多的是夙夜匪懈
只為了
年輕不要留白
只為了
不讓人生有憾恨

所有艱辛的跋涉
都會成為生命中難忘的
一抹記憶
所有的創痛和苦澀
也只是歲月冊頁上

似有若無的淚痕
當旅途的終點在望
昨日依然鮮明
縱或悲欣交集
卻只道
天涼好個秋

歲月還年輕

露珠在荷葉上翻滾嬉戲
從這一頭到那一頭
晶晶亮亮
卻也短暫飄忽
畢竟是築不了的夢
只是一抹淡淡的惆悵
留給太陽去思索

歲月還年輕

老的是心情
曾經是
百花池畔獨坐的身影
隨著季節的更迭
無處可尋覓
曾經有過的繁華絢麗
不過是在心底
在某些不經意的時刻裡
驀然驚醒

小徑

校園裡的一條小徑
可以通往知識的殿堂
兩旁花姿嫣然
有我們的身影走過
笑語滑落

九十七年九月一日

彼時年少
哪知青春無價
如今小徑靜悄
是在思念遠去的人兒嗎

校園裡的一條小徑
可以通往夢想的國度
兩旁花雨繽紛
曾經我們高聲談笑
以為世界就在自己手中
胸懷壯志
展翅高飛
如今小徑仍有陽光輕灑
誰為我串起當年的夢

九十七年九月十三日

終究明白

是深情的絲線
織成了
宛如珠玉的詩
是歡愉的淚
顆顆晶瑩好似珍珠
在字裡行間
閃閃爍爍

昨日的閒雲已遠
年少的心事像夢
當荷葉上的露珠傾耳細聽
未眠的花語
我的心
在你寫就的詩篇裡
和你歡喜相遇

九十七年十一月一日

即使

即使
我是風中的一支燭
光芒搖曳閃爍
當灼燙的淚簌簌而下
心，仍歡聲歌唱
燃燒是天職
給予光亮
是生命的意義

即使
我是春日的一樹繁花
萬紫千紅
足以宣告內心的喜悅
凋零卻是命定
當所有的花朵辭枝

委地成泥
那是更深的情意

九十七年十一日五日

作者簡介

琹涵，本名鄭頫。A型水瓶座。曾任中學教師，獲教育部教學優良獎、中山文藝散文獎。多篇文章先後被選入國中國文教科書以及海外華文教科書。曾多次入選文建會「好書大家讀」，幾乎每本書都獲評定爲優良課外讀物。

著有散文集：《心靈花園》、《溫暖的心》、《情牽一生》、《森林香草集》、《生活的簡單滋味》、《小小茉莉》、《遇見幸福》、《一口快樂井》等；寫作教室：《生活中，找鑽石》、《創意，點石成金》等；兒童文學：《永遠的陽光》、《我愛公車》、《外婆的秘密花園》等；詩集：《一朵思念》、《水深雲款款》等，共六十種。

莫　云詩品

山櫻

這滿天花雨
不為說法——
而你眼中紛紛飄墜的
無非是我前世今生
未曾啓齒的紅塵心事

風中，一株山櫻
因苦戀春天而消瘦

不再憤怒的葡萄

——探訪史坦貝克的故鄉

殘陽如焚
沙林納斯葡萄園中
逐日發酵的憤怒
終究延燒為紋身烈燄
致命地
灼傷了苦悶的人性

蒙特利半島港灣中
惡浪自心底暗礁激起
一波波絕望地搥打著
不見出口的海岸
罐頭巷內嘈嚷擁擠的魚腥
無所遁逃地窒息了

被生活反覆壓縮的靈魂

晚風幾度拂過——
那曾經場景鮮明的夢魘
已悄然自暈黃的書頁淡出
一如生命中最濃烈的苦澀
終將在時光的流裡稀釋

眼前這熄火降溫的山谷盆地
只有秋收後的田野安靜躺著
天外，一匹小紅馬
自童年的暮色中歡快地跑來……

註：沙林納斯（Salinas）在美國加州蒙特利郡，是諾貝爾文學獎得主史坦貝克（John Steinbeck）出生及成長的地方，《憤怒的葡萄》、《罐頭巷》、《小紅馬》爲其名著。

漫

水霧般，那紛紛飄墜的
是三月的小雨
凝結著，點點滴滴
匯注成潺湲的小溪
潺潺流淌著
流入波動的大海

妳是水，妳是初春的小雨
眼波裡流漾著澄澈的小溪

而妳的心啊
正是那深不可測的
海，暗暗漲潮
將我躑躅的靈魂
猝然淹沒……

火，在雨中燃燒

凱達格蘭大道前
凝聚的怒火持續加溫
一朵紅花，終於
自灼痛的胸口迸放！

火一樣熱
血一樣紅的花
一朵又一朵
從北到南由東向西
遍地盛開……

千朵萬朵血色紅花
開成滾滾騰沸的紅海
掀起翻天巨浪
掀開了

添加過量防腐劑的貪腐
還原了
被漂白被染色的謊言

花，在風中開放
火，在雨中燃燒
風吹不滅雨澆不熄
這島嶼——
終於觳觫地震撼了！

今夜，雅典的天空很神話

——夜眺巴特農神殿

長日已盡
阿波羅卸下疲憊的戰馬
阿特米斯點亮失眠的星光
戴奧尼索斯忙著

在每個酣醉的金杯
注滿狂歡的新釀
今夜，雅典的天空很神話
眾神齊赴雅典娜的聖殿
痛飲吧，這是宙斯的夜宴！

隔著一整個塵世的距離
這神話的天空曾經那麼遙遠
今夜，你終於
將它拉到伸手可及的眼前
一窺眾神失態的酒後
如何將人類的命運
玩弄於翻覆的股掌之間

今夜，雅典的星空很燦亮
走訪眾神的故鄉
昂首天問——

能否鬆手，能否
不再做你們掌中的
懸絲偶人？

註：「巴特農」為祭祀希臘神話中正義之神（也是雅典城的守護神）雅典娜的神殿。阿波羅，太陽神；阿特米斯，月神；戴奧尼索斯，酒神；宙斯，眾神之王。

作者簡介

莫云，本名宋淑芬，台大中文系畢業，曾任國中教師。獲教育部、中央日報、梁實秋文學獎及台灣省兒童文學創作等獎項。著有短篇小說集《彩雀的心事》、《她和貓的往事》，詩集《塵網》、《推開一扇面海的窗》。

楊正雄詩品

公園裡的高射炮

痀瘻的高射炮在公園角隅孤獨沉思

春風吹起了大地的生機
蝴蝶悠閒地飛航於百花叢林
也在報廢的高射炮四周飛旋
它默默暴露

小鳥在報廢高射炮跳舞放屎
炎熱陽光也無法點燃曾在陣地抵抗的怒火
雷電咆哮暴風雨欺凌

它默默承受

來訪旅客緬懷高射炮的歷史
幼稚園學童遊學在它身上撫慰讚揚
清潔工人偶而也來察看對話
它默默無語

痀瘻的高射炮在公園角隅欣慰微笑

台語詩三首

向天湖

綠色樹木猶是綠色
湖水猶是湖水
只是　尋無祖先形影
小矮人的笑聲也無了

小路已變大路了
一車一車的人客來了
高麗菜一斤五十
現擠茶油一罐四百

擠茶油機器聲音
驚醒樹上祖先與小矮人
看著咖啡的黑煙
想起古早祈福鼓聲

仙山

仙山猶原是仙山
茫茫滿山茫霧
凡人思仙尋無路

蓬萊溪水青青
溪魚搖頭看仙山

祈禱仙人平安

魚兒無想去做仙
希望自在逍遙
有伴游水愛自由

註：向天湖與仙山，是台灣苗栗的兩處旅遊景點。

淹 水

落雨淹水　風颱淹水
無落雨也淹大水
淹厝也淹了咱的美夢
有人還繼續抽地下水
海龍王傷心流目屎

伊講淹水原因是真多
有人講攏為了要生活
看到淹水百姓大干譙

民意代表　歡喜機會來了
想辦法叫政府緊拿錢來
錢是眾人繳稅金的
拿去填淹水那有效
有填有交代　好騙選票
偏偏還是年年淹大水
是誰人　著流目屎

作者簡介

楊正雄，一九三八年生於台南縣，淡江大學畢業，政大碩士學分班結業，簡任升等考試優等及格。曾任記者、秘書、主任秘書，已退休在埔里試種樹木。早年創辦「曙光文藝」，現忝爲中國詩歌藝術學會、中國作家協會與中華民國青溪新文藝學會理事。

喜愛看書動筆，已出版：〈想妳．在火車上〉—詩集，〈飄渺〉—長篇小說，〈喜事〉—短篇小說，〈南十字星空〉—遊記，以及〈新聞集錦〉、〈婚姻與畸戀〉、〈勇往直前〉、〈你關心的法律常識〉、〈大眾捷運法要義〉、〈台北市立婦幼醫院爲民服務績效研究〉等書。

范揚松詩品

酒，山歌及其他

——記客家學者專家餐敘

滿滿鄉愁一罈，鼓譟一夜喧嘩
座上杯盤，仗著酒的醇度飛向
高聳雲霄，然後跌碎敲擊聲中
朋友呀摘下寒星下酒，嚼勁——
飲盡惆悵，燃燒了綠地藍天
愚魯如我，對影狂呼十數人
公然嗆聲：誰在遠方發亮如星

人在江湖裡衰老，卻叫醒一張張

面目模糊，陌生又熟悉的臉孔
桃園結義的戲碼，已華麗落幕
花開花謝，相逢不相識的酒館
酒精濃度抵抗不了想像的拉扯
影像在淚水流離中不斷擴散
紅咚咚笑靨，隨時間悢愴走遠

世局遞嬗如棋，楚河侵入漢界
事事總在轉折處有亮光引領——
風湧千里，想像因斷續而脆弱
雲海蒼狗，咆哮著忐忑的城市
爭論何時了，杯與碗鏗鏘雄辯
一醉豈休？串串音符飛起山歌子
瞬間，鄉音發酵成酩酊的酒釀

牛嬷帶子落—埤—塘，迴聲裡
飲罷一罈鄉愁，愚公酒香撲鼻

千里鷹揚的日子竟成獨腳陀螺
杯腳危顫顫，影子仍奔波旋轉
為誰遠走鄉關，浪蕩海角天涯
誰？歌聲啊──引爆午夜星空
雄圖雖老，且再痛飲三百回……

註：二○○八年八月中旬循例邀關心客家發展的學者、友人三十餘位，齊聚醉紅小廚餐敘，是夜，葉石城兄贈愚公高梁酒兩箱。論及客家運動，組同盟會等，觥籌交錯，鄉音嚷嚷，好不盡興。獻詩一首並藏頭以誌之，詩曰：「滿座高朋飲愚公，人面桃花酒影紅，世事風雲爭一瞬，牛飲千杯爲誰雄？」。

自季節中，穿越

──記春末佛山講學初旅

（君自故鄉來，應知有驚蟄春雷，陣陣
紅艷艷花瓣，在枝椏上捕捉流雲方向）

五月驟雨撲襲，草木用墨綠渲染南方
季節的容顏，妝扮斑爛花色—蕩漾—
你隱身於後，飛揚髮茨舒捲如山勢
山勢起伏是你的喘息，躁鬱中遇見
自己，在距離之外探測陌生的寬度

距離在心裡壓縮得好近，卻在交錯中
遙遠如晦澀的語言，不斷地揣摩、猜想
季節的唇語欲開又闔，聽不見花開聲音
軟軟腔調，感染著暮春的遲疑與矜持
只能一口口啜飲紅葡萄，等待發酵

微微的酒精，溫炙著每個華麗的詞藻
意象與文法則如光澤的珍珠，環飾頸間
圓潤的珠子緊緊依偎，拘謹而伏貼
呼吸之間，在季節胸口前不安地推擠
我必須鎮定，那微醺的酥胸紛然欲裂

六月初夏，在歲月蛇腰邊寂寞徘徊
側身眺望，蜿蜒的海岸線拉遠所有視線
曲線迷惑滿天星子墜落，啊！跨出季節
想像的冒險，碰撞出無數火光與驚呼
濃稠的蟲鳴潑來，我們正疾疾穿越陌生的疆界

（楊波千層浪，襲捲一季的燠悶悉與躁動
松月照人間，夜空下我們起舞翩翩……）

附註：五月末六月初，應華師大張君紅主任之邀赴佛山講學，當晚與校長及主任們餐敘，酒酣耳熱，十分盡興，美人佳釀，流金歲月，特寫一詩以誌之。另「揚波千層浪，松月照人間」爲吳家業兄相贈之對聯。

詩友速寫八則

1.吳明興（詩人、教授、文學博士候選人）

一只頭顱飛探蒼穹又鑽研黑海岩層，考證
左手撥弄濤濤青史，右手冷拒躁鬱後現代
總以憤懣目光燃向欲言又止的北宋的—禪

2.陳福成（詩人、軍事家、國立空大教授）

堅毅腳筋踏過魍魎沼澤，心碎於花飛花落
穿紅衫蓄怒髮千百丈，把肝膽裝置成炸彈
在凱達格蘭高聳墓碑前，不時—自行引爆

3.胡爾泰（詩人、教授、國立師大文學博士）

翩翩自古典國度歸來，踩踏平仄韻腳起舞
舞出異國風景，企圖自華爾滋旋律找尋愛
啊玫瑰呼叫浪漫名字，尖刺狠狠扎在手裡

4.吳家業（詞曲作家善聲樂、專業律師）

一串串翻騰音符突擊夜空，星光紛然狂墜
墜落酒精濃度中酣醉，激越手勢鼓動海嘯
熠熠星子頓時從深谷底爬升雲頂，清醒著

5.方飛白（詩人、旅遊作家，中東工作十餘年）

攀越杜拜塔頂，題寫每一朵雲的流離身世
伊斯蘭教堂裡，每一部可蘭經暗暗燃燒著
你瀟洒走過，用寂寞眼神擁抱離棄的身影

6.藍清水（詩友、社會學者，任教清雲大學）

在幽谷裡踩踏荊棘，向血的顏色追擊青春
然後在寂靜濤湧中，打撈一張張風霜的臉
從此，愛上這張臉更愛上江雪垂釣的姿勢

7.呂佩橙（詩友、中學校長，教育管理博士）

吞噬斑駁經文之後，吐著燦爛千陽的絲絮
在胸口反覆刺繡著日月星辰，並引燃火光

餘燼裡，用銀鈴笑聲呼喚遠方高飛的—鴿

8. 劉淑蕙（詩友、某協會秘會長，現養病中）

只讀一眼，瞳孔被猛烈意象擊傷而視茫茫
酸楚隱身體內流竄、啃咬，餵養二十年啊
詩的服用劑量漸增，相思種籽卻結晶成癌

寫於二〇〇八年四月三十日

作者簡介

范揚松，台灣省新竹縣人，一九五八年十月出生。美國普萊頓大學企業管理博士，國立交通大學管理科學博士研究，企管碩士。歷任雜誌總編輯，企業執行副總、總經理等職務，現任大人物知識管理集團董事長，瑞士歐洲大學、華南師範大學企管研究所教授，中華生涯發展協會理事長。曾獲香港徵詩冠軍獎、兩屆國軍文藝金像獎、全國優秀青年詩人獎、葡萄園詩創作獎：出版詩集《俠的身世》、《帶你走過大地》、《木偶劇團》、《尋找青春拼圖》及管理相關著作二十餘冊。另《范揚松跨世紀詩選》及《范揚松創作評論選集》即將出版。

童佑華詩品

私房小詩

昨日告不害託倉頡文謅謅地對我說：
　食色性也，甘食悅色，人之大欲焉。
二十一世紀的吾輩醫藥保健運動強身
七十八十何須完全封刀閉關
興之所至喜偕老伴兒併肩攜手
輕吟密語「緣溪行」溫柔探索　深處
必有芳草
禪趣。
滿漢大餐固不宜
文火慢燉　你儂我儂

仍可熬出一鍋鍋
養生的
抒情
小詩

註：食色性也，一般人誤以爲是孔聖人所言，實則非也，此乃告子告不害說的。
「緣溪行」出自於陶淵明之桃花源記句。

九十七年三月四日發表於中華副刊

一曲情歌唱到老

首先必須把那些隱藏在心底暗處
已然發霉了的傳家細軟如今無法典當的
垃圾：男尊女卑、三從四德、門當户對
齊根拔除　丟進
e世代的電子焚化爐中
焚化

昇華　一棵大樹的成長需要殷勤灌溉
然後才能論及所謂鰜鰈情深幸福性福
人生漫長滾滾黃沙旅程無論多麼遙遠
沿途將會有綠洲甘泉黑夜燈火不滅
冬殘風暴雨雪也能聽得見
大漠中的
悦耳　鈴聲

九十七年四月八日中華副刊

讀詩與喫飯

喜歡看報紙副刊的傢伙們
如同肚子餓了要喫飯
喫飯　總得配點兒菜色佐餐
偏食者的上等佳餚當數那叫
「詩」的一小盤
有沒合乎衛生營養色香味俱全
並非首要

再不爽口再辣再酸
東風西風天晴或下雨
橫拉的抑直排的
飢不擇食時
有　總比沒有的好
要不
叫這斑古怪老饕
怎麼喫飯

九十七年六月八日中華副刊

芳　鄰

花台上這一戶落地生根的
蜂家　不知何時從何方遷徙來此
安居樂業已好一陣子了
無論土蜂、胡蜂、黃蜂
不分族類與　人　為善統統都是俺芳鄰好友
你營你的巢你釀你的蜜你做你的工

守規循矩不恣意傷害任何一個異己
我灌溉我的蘭竹盆榕
我耕耘我的田園詩句共同維護
這一方世界的和平繁榮以及
生態文化均衡發展
你有沒感受到我的善意辛勤並不重要
當那夜十二級強颱壓境
樹木花草嚇得驚慌失措
頭都不敢抬起
你卻在茫茫歧途淚水雨水中
不顧全身濕透蘭葉們的搖手哭喊阻止
堅持尋找回家的路
死守家園不離不棄
這才是我打心坎裡瞬間爆出
轟然驚嘆之由來

九十七年六月二十四日中華副刊

作者簡介

童佑華，安徽巢縣人，一九三二年生，陸官畢業，公職退休。曾參加世界詩人大會、詩刊編委、名譽發行人。詩作入選多種詩選集、出版《風雨街燈》一冊。兼習書法，作品入刊全國書法名家專集等數種，二〇〇五年應邀至南京參加兩岸書法家交流展，撰「煙花三月下揚州」記述南京聯展暨江南古蹟之旅，發表於「中國書法學會」季刊。

林　齡詩品

迪化街的秋天

多年不見
仍瘦瘦纖纖的
如羊腸一般
啊！迪化街風華不再
一臉秋天的無奈

猶如美人遲暮
慵懶地枕在淡水河畔
日夜聆聽河水的傾訴
淡水河不再高歌

只潺潺訴說一則古老的故事

走過迪化街
昔日繁華如過眼雲煙
顧正秋繞樑的歌韻
令人咀嚼，尋尋覓覓
永樂劇場今何在

終於回來了
那曾經孕我春夢的迪化街啊
我感傷時代的巨擘
為何推不動你沉重的輪子
你的闌珊，恰似我的向晚

啊！迪化街
在這我曾度過青澀的歲月
那時生命的花正綻放著

一如你旭日般地朝氣蓬勃
車如流水，馬如龍

如今你鉛華洗盡
從絢爛歸於平淡
再也喚不回你金色年華
啊！迪化街
面對你我有太多的唏噓

多年不見
仍瘦瘦纖纖的
如羊腸一般
啊！迪化街風華不再
一臉秋天的無奈

七夕

一年的離情
豈是一夕所能訴盡
今日的重逢
又注定明日的分離

我是妳窗前一棵樹

妳的窗正開著
我是妳窗前一棵樹
一棵挺拔的玉蘭樹啊
此時我已換上一身新綠
花也含苞待放
妳是否注意，我愛
我一直佇立在妳窗前
這是我前世修來的緣分

為了一償對妳的眷戀
今生願化作一棵玉蘭樹
在妳窗前將我的芬芳吐露
那朵朵花蕊都是我無盡的愛意

清晨招來無數鳥兒
啁啾為妳歌唱
夜晚引來陣陣清風送妳入夢
啊！我是妳窗前一棵樹
請不要把窗關上，我的愛
就像我的根一樣堅定不移

今夜，夜色迷人
但不見妳推窗遠眺
也聽不到妳琅琅書聲
於是在這五月我卻有秋的蒼涼
款款深情啊！

面對妳關著的窗
空自花開花落

一棵樹的呢喃

我知道妳將離去
八月，秋風颯颯
落葉簌簌飄零
啊，姑娘，妳可知道
那是我傷心的淚啊

我是妳窗前一棵樹
此刻，妳的窗正關著
不見燈光，是否入睡
或已人去樓空
我問秋風，秋風笑我癡情

我知道妳將離去

今夜的月正圓，我守在妳窗前
恨晚風吹不開妳窗户
恨我為什麼不是那九重葛
爬上窗前一窺究竟

我是妳窗前一棵樹
惆悵守在妳窗前默默自許
我會等妳回來
哪怕天荒地老
那時黃葉落盡，枯樹一棵

作者簡介

林齡，本名林義雄，一九四二年生，台南市人，曾從事紡織業多年。現爲《秋水》詩社社長，著有《迪化街的秋天》等詩集二本。

蕭颯詩品

葵圃巡禮

——給下堂繼配某女士

我遠道來謁
聞妳正綽約英發
著翠綠裙裾
　戴金質后冠
展修長玉腿　隨
清風明月婀娜舞踊
慕情猶在耳際縈繞
一夕之隔
何緣落得恁般

萎蹶

是夜來狂風暴雨肆虐
令妳折腰頹額
抑流光失寵　使妳繁華褪盡

誰言數大即是休美
遍地殘黃　千張淚臉
　滿天陰霾　一圃落英
向何處覓尋青春常駐的
笑靨

昨日
妳還曾追光逐熱　迎
朝日東昇　送
夕陽西墜
擁有掠空經天的美夢
欲跨長虹攬月摘星

而當西風劫掠了妳釵頭的金冠
面垢髮枯
多少幻夢　俱隨
南飛的雁陣
逸遠
誰還有興緻聽午夜天邊孤鴻的
悲啼

生命
恆在風雨中
起　落
浮　沉
我既不傷春
　　也不悲秋
又何須臨盛夏雨後葵圃
興嘆

任他
風急
雨驟　人間
驀陡
妳我都曾歷練
相逢何必一定相惜
揮揮手
不帶走一握花香
待明朝紅日再度
昇起
妳將依舊逐熱
追光　而我
何日蹀躞
重臨

二〇〇二年八月十日初稿

閒情一日誌

當陽光闖進窗櫺
強力扳開我雙眼
被窩猶依依慰留溫暖的軀體
依稀記得昨夜摟抱枕畔的空寂
才猛然想起——
耳鬢的細語
已悄悄飛到黃河北岸聽濤去了
難怪今早聽不到司晨的雞鳴

不聽從慵懶的指揮推開牕牖
車流有如一列長長的蟻兵
赳赳地進攻我雙目的城堡
落葉被昨夜的驟雨打得
　　一敗塗地
連滾帶爬控訴秋風無情

一輛宣傳車趕早場高八度推銷
民主雜碎
我趕忙把窗門砰上
避進浴室清洗眼耳口鼻的污垢

電視機是家裡的強力磁場
總無力掙脫多頻道章爪的盤吸
低俗的廣告強迫你中獎
常見一個講話看不到上顎牙齒
的傢伙滔滔嚼橫理
還有一個胖呆瓜歪著嘴巴幫腔
我總是把遙控轉向成人頻道
A星們白白淨淨的臀部很可人
而且不會噴口水

夜是最清純可愛的村姑
星星常躲在雲裡情話綿綿

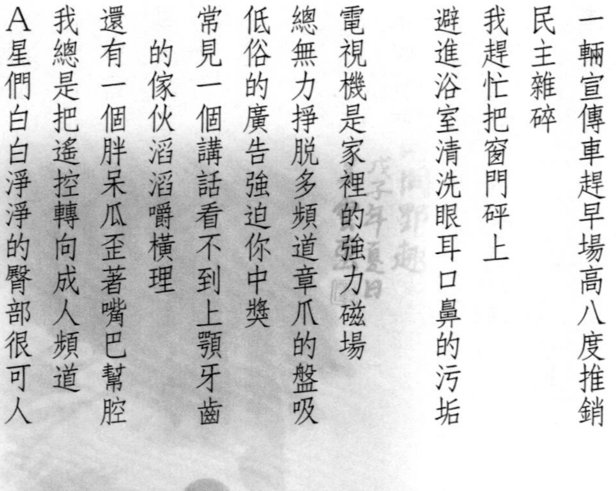

你放膽摸撫大地豐滿的酥胸
也不須顧慮螢火蟲打著燈籠
偷窺
眉月依然是故鄉梧桐樹上的
微笑
只有孤傲的電桿
狂妄地想用一條細小的黑線
分割星星的族群
卻換來夜鶯嘲笑他們幼稚無知
夜闌了
你為何仍在郊外彳亍留連
我在傾聽晚風傳來的
遙遠農村的紡車
聽——
「憂—憂—愁—愁—
憂—憂—愁—愁—憂——呀！」

註：1.上顎無牙，江湖術語，指「無恥之徒」，今因貪腐身陷囹圄，證作者當遠憂不謬。
2.詩中「看不到上顎牙齒的人」及那個「胖呆瓜」爲誰？請讀者自猜。
二〇〇三年十月十日二改

自畫像

我來得匆忙
提著一口癟癟的皮箱
根本裝不下十八般武藝
我只是觀光的過客　根本
無意參預人間的奪鬥

曾偷聽過諸神為我投胎的圓桌會議——
　太白老人說：
　　不能給他太多聰明
　　當年放縱孫悟空我吃過太多的苦頭

文曲星君說：
　不能給他太多的學問
　製造一種思想人間就多一個血淵骨獄
托塔老頭說：
　也不能給他太多的本領
　不然他會到短板坡去殺九進十一出
玉皇主席糾正說：
　呃！只有長阪坡的七進七出！
托塔老頭說：
　我說的是「短阪坡」啊！
財神爺說：
　鈔票是絕對放不得手的
　不然他會把股市炒翻天
福星說：
　讓他一輩子飄泊吧！
　毀家又成家就夠他辛苦的了
祿星說：

好在我剋扣了他的高官厚爵
不然貪瀆案會層出不窮
壽星說：
你們這樣對他太偏頗
只要他心地善良，我就讓他活到
該活的年齡
月下星君說：
他感情的帳務我也搞不清
該欠該還讓他自理好啦
玉皇主席說：
你們這樣豈不是在糟塌人才製造
庸材
太白老人說：
主席差矣！我在他箱子放了
一打原子筆和幾刀稿紙
若干年後

我將提著箱子向閻王爺報到
閻王爺將會勃然大怒：
豈有此理！一打原子筆都沒用完
太懶了！罰你來生再世為人

二〇〇三年十月二十五日　完稿

作者簡介

蕭颯，湖南雙峰人。國立高雄師範大學國文系畢業。曾任高中教師二十年。爲人豪放熱忱，詩酒疏狂。雅愛文學藝術，兼擅書法。寫作以小說爲主軸，著有長篇小說「賊窩子風雲」、「故事的結局」、「荒謬的台灣海峽」；中篇小說集「癩蝦蟆遁」及短篇小說「蕭颯自選集」、「西出的日頭」、「裸畫」、「深巷斜陽」；散雜文有「夜話八陣」、「傻話以外」、「站在時空的交叉點上」、「脫了褲子罵人」；詩集有「不歸梯」等。並爲高雄市政政府編纂包括詩、書、畫、歌曲、攝影等之「大港都組曲」，都五百餘頁，八開雪銅紙彩色精印，中英對照，開都市文化之先河。另編有「海鑿泉音」及「愛河尋夢」等集，極獲讀者好評。蕭颯曾任高雄青溪新文藝學暨高雄市文藝協會創會理事長，被文藝界朋友譽爲「多手觀音」。

馬　驄詩品

小綠人

緊走
慢走
小跑步
再精神也抖擻不出鋼鐵的藩籬
誰沒被囚住
天上的飛鳥浩邈了嗎？
地上的小花遼闊了嗎？
咿唔
認命
工作
就能聽得見埋在行道樹下的蟬鳴

阿綢

落山風吹不熄那一盞燈火
板車最真實
抓緊了把手
就能把日子扶正

歲月如沙漏
流走了老伴
（思想起）
無言的淚光

還在一路彎腰
一路挺直脊樑
太陽底下
妳黑得最亮

註：阿綢係一枋寮老嫗，年高九十仍以撿拾回收品維生，因長期曝露在陽光下膚

呈黝黑，狀似綢緞，鄉里以阿綢呼之。不接受賑濟並捐贈寺廟六十萬元，以將孫女供到博士生爲榮。

愛情十四行

揹著斷了氣的愛情
鐵馬一路哭到家
這哪算是家
是去了一半的殼

葬她於隔壁的田裡
頭枕一個方向
這樣就可共同夜賞頭頂上的星星
也可向她訴說老大老二怎樣在學堂

農忙時
他繞著她耕作

農閒時
她在他心裡囔囔
他不是一隻孤鳥
哀鳴

註：報載四川一農民的妻子，生前去城裡作頭髮，適逢五一二大地震，慘死在斷垣殘壁中，這位農民找到妻子的屍體後，請公安幫他把她細綁在身上，然後再騎上單車載回家下葬。上了國際媒體，西人界定此爲中國農民式的愛情。

普者黑

一葉小舟在水面上划行
天在人上
人在船上
船在水韮菜上
盤根錯節處有魚蝦隱藏
適值冬蟄季節

樹葉落高了山
敗荷裸裎了湖的胸膛
蘆草佝僂下來了
野鴨在隱隱約約處搖搖晃晃

蕭索遍及四野
放水牛的孩子
高調彝族的腔
他的歌詞我一句不懂
憑聽覺
裡面充滿了春的希望

註：普者黑爲彝族的語言，意指魚蝦多的地方，幾個湖連在一起，列爲自然保護區，位於雲南丘北縣。

作者簡介

馬驄，本名馬忠良。自一九五一年寫詩，但中輟。曾擔任《海鷗詩刊》發行人及編委。著有《冬季以望遠鏡賞鳥》詩集乙冊。行年七十有六，仍以寫詩自娛。

葉日松詩品

赤柯山的名字

赤柯分泌出芬芳的奶水
調和露珠
將營養注入金針的體內
直到膚色如火焰
把整個山頭染成一季圖案
赤柯的名字
便成為一則美麗的傳奇

從玉里大橋想起

如果童年再回頭
我會再度返回事件的現場
爬過搖搖欲墜的玉里大橋

然後向就讀的初中報告我沒有缺課
順便將秀姑巒溪排山倒海的巨浪
錄一卷存證
編入那本黑白的紀念冊

如果童年再回頭
我會再度邀約縱谷平原的風
在通車的日子裡
一起放逐煤煙的風箏
一起閱讀汽笛的長短句
把所有的驚艷　凝成一座橋
讓記憶漫步通過

如果童年再回頭
我願重新寫一本曾經遺落的夢境
讓精簡的小令
搭配通車的風景

不管莊周夢蝶何時醒來
只在意——
南風能不能從我的韻腳裡
讀出一絲絲的悵然

走在玉里街頭

將自己設定在中心點
左手一伸就可招呼台東
右手便能拉攏花蓮
所以我什麼都不缺
我並不寂寞

走在玉里街頭
可以優閒自在地想自己的企劃
想想明天的行程或髮型
有時還可以跟自己去喝一杯拿鐵
順便去郵局補登一下存摺

走在玉里街頭
不必擔心陌生人的搭訕
也沒有刷卡的煩惱
從這一頭到那一頭
所有的廣告招牌
我可以倒背如流，一如唐詩宋詞

走在玉里街頭
我的口哨叫不醒午寐的南風
整個小鎮
都在醞釀一組幸福的密碼
只有我的腳步
不斷地解讀冠軍米的日記

和玉里同在（詩寫玉里羊羹）

獨特的鄉土風味

別人無可取代　無法冒牌
而名聞遐邇的註冊商標
早已向永恆申請專利
走向家庭
走向茶館
走向廣大的群眾
食而不膩的人間極品
走過百年　走過更長更長的歷史
和玉里同在

作者簡介

葉日松，台灣花蓮人，一九三六年生。著作有《葉日松自選集》、《葉日松童詩集》、《台灣故鄉情》、《北海詩情》、《生命的唱片》、《摩里沙卡的秋天》、《我的夢在夜裡飛行》、《竹葉撐船妳愛來》及《記憶的南風輕輕吹》、《回故鄉看晚霞》等廿多本。曾獲中國語文獎章、中興文藝獎章、中國文協詩歌獎章、國軍文藝金像獎、台灣省第一屆特殊文化藝術獎文學獎、第一屆全國教育奉獻獎。作品被譯為韓、日、英等國文字，其個人事跡亦列入《中華民國現代名人錄》《當代天下名人錄》《中國文學大辭典》《台灣藝文誌》《港台暨海外華文詩人大辭典》等書。

楊濤詩品

莫非你攬八荒雲濤向杯底小睡？

——追悼鐵血詩人王祿松

你說：
「我們放牧不馴的時代
年輕時　我們用
掀天揭地的詩誦
怒拍峰嶽　倒瀉江河
……………………」
你說：
「而今
我們且掀髯豪飲

以詩劈斷風雨之秋
　狂草下我們共同老去的傷悲
……………………」
彷彿這是昨夜你纔說過的話
昨夜
吾等漏夜暢飲
茶敘　酒謔
吟嘯起風雷
狂歡醉星月
多羨煞
你那「讀山」「讀月」的風雅
　鐵馬金戈的豪情
我仍陶醉在昨夜的歡聚中
那般舒暢濃郁的氛圍至今
而你　卻悄悄走了
莫非
你當真是攬八荒雲濤

向杯底小睡？

游於藝

只不過是為了興趣　而
『游於藝』
談不上
「志於道
　據於德
　依於仁」
不求倖進
不邀虛名
是我的座右銘
並未專注某一選項
但得優游涵泳其間
享受無窮樂趣
不覺已
霜雪滿頭

縱然清風兩袖
無負此生

我是黃山

當真：
「黃山歸來不看嶽」
它有華山峻峭的奇
它有嵩山妙絕的險
它有衡山煙雲的美
它有泰山雄偉的壯
還有雁蕩的怪石
　廬山的飛瀑
　峨嵋的清涼
這是詩的黃山
　畫的黃山
這兒：
　無松不奇

無石不怪

世間竟有如此美境
駐足飛來石畔
咀嚼著凝眸中的煙雲
抖落衣襟的塵埃
讓晚霞親吻雙頰
讓松濤洗脫胸中的壘塊
讓夕陽為我加冕
心懷舒暢得
忍不住仰天狂呼
我是黃山！

木棉城

雄踞海湄
以亙古不移的英姿
把萬頃風濤關在門外
高港

伸出碩壯的臂膀
懷抱市軀
哺育萬家生靈
這才真正是天然
龍蟠虎踞的形勢

愛河
旖旎成一首美妙的詩
霓虹燈將長街串成
璀璨奪目的流動銀河
停止流浪的雲
留戀滿城木棉花怒放的熱情

作者簡介

楊濤，一九三〇年出生，安徽亳州人，曾任美術教師，葫蘆出版社總編輯，中國文協南部分會及高市青溪文藝學會、高市文協理事長，高市書法學會暨詩書畫學會顧問；現任《新文壇》雜誌社長。

出版著作：小說集《最快樂的哭》及散文集、詩集、劇本等三十四部。

花甲白丁詩品

悼

——願佛佑吾師
平安抵達極樂世界

你的名字
與杜甫
與李白
同傳千古

你的詩
你的汗
你的淚

永是後裔的糧食
歷史典藏的珍珠

你畢生的青春歲月
一半被烽火徵去了
另一半全獻給了「葡萄園」

而所倡導的
健康
明朗
在「中國」的大道上

永續前進
開花結果
敬愛詩師啊
請放心的走吧

悲歌

人家都用語文在寫詩
而你卻用自己的眼淚
在寫
傾訴
八十一個年頭過去了
那些陳年舊怨
還沒有消化完嗎
唉　真可悲可笑

孤獨的白頭翁啊
而今你已是隻
風中殘燭了矣
尚能有多少淚夠你用

除非你死前
再多活一次

小老大之爭

——羚羊低頭搞內鬥
紅虎眈眈在對岸

藍
綠
本是「生命共同體」
只為了爭奪小小
大位而反目成仇
口水吐得
臉紅脖子粗
揭瘡疤揭得

六親不認

不談民生願景
光靠抹黑扭曲
誰敢再把
掌聲給你

當心啊　小朋友
有朝一日對岸的那隻
紅皮虎　越過海岸
我們怎麼辦？

說些你不愛聽的話

處處阻擋我們出路
不准我們交新朋友
還用飛彈瞄準我們

這算那門子手足之情

志既不同
道亦難合
不如早些
分道揚鑣

兄弟分家
古證例例
只要不刻意改名換姓
對祖先對歷史都有所交代

不要仗著飛彈多
便可把上帝踩在腳下
秦始皇夠凶狠了吧
能狠得過歲月嗎？

你有飛彈
我們亦有
只是不忍
炸燬無辜

你不動武
伊不搞獨
所有爭議
都交給歲月該多好

不一樣的命運

尚未落地便有許多
幸福
快樂
等在門外搶著哺育

一生沿路
左有榮華
右有富貴
做你的保鑣

出門有轎車
居住有豪宅

而我
只是個貧窟之子
自出世就沒爹娘
被親情踢到自生
自滅的路上　漂泊

一路
前有風雨
後有飢餓

追趕……

一生只能靠自己的
血汗眼淚充飢禦寒

作者簡介

花甲白丁，本名虞登朝，又名雲子，一九二七年生，山東蓬萊人。曾爲《葡萄園》詩刊同仁，現爲中國詩歌藝術學會會員。年幼家貧只讀過《百家姓》一書。未進過任何學校，一切所知，全由自修而來。早年曾以「田路」、「風風」、「白丁」等筆名在《野風》、《半月文藝》、《文苑》及《葡萄園》詩刊等文藝刊物發表詩作。著有詩集《淺淺的腳印》、《孤獨的浪花》二部。

瘦雲王牌詩品

寂寞兩題

之一

午夜，獨坐窗前
酌飲月色
不知何時
寂寞們抱著黑色火藥
悄悄溜進書齋
引月色燃爆

剎那間，硝煙滾滾
萬物靜止，宇宙寂滅
我 陷身硝煙之中

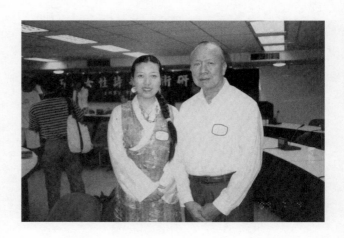

幾將窒息
正欲開口呼救
寂寞們突然齊聲嗥嘯
將我驚（台語）落夜心深處滅口。

民國九十八年元月初稿　九十八年四月修正

之二

無形無影，無手無足
不知從那裡竄出來的
千千萬萬個精靈
將我團團圍住
於薄暮之夜

牠們步步進逼，不停地進攻
攻破我身體的城池及五臟六腑
然後佔據小小心臟
爭相噬咬，大口吸血
面對兇殘的寂寞精靈

我癱坐窗前
無力喊痛！

民國九十八年元月初稿　九十八年四月修正

我們家窮得只剩下錢（敘事詩）

——擬陳至中給父親的一首詩

阿爸，
我們家怎麼這樣窮？
家徒四壁，一窮二白，
只剩下錢——
一箱箱，一袋袋，
堆得像一座座山。
可是，錢不能當飯喫！
也不能當衣穿，
肚子餓了也不敢再去呷牛排，

穿著更不敢亮麗光鮮，
因為人民的眼睛雪亮，
一眼就看出我花的是髒錢。
因為您八年總統俸祿，
不吃不喝也沒有五千萬，
我們家幾十億台幣，
顯然是藉勢藉端，
強要來的不樂之捐。
而我沒有工作，毫無收入，
進出名車、名錶名鑽，
美、日四處跑，到處大搬錢，
當然是靠您的權勢，
纔有如此享受，
纔有今天的熠熠光環。
我們都是法律人，
依法論法，
你我當然都是貪瀆正犯。

阿爸！作為您的獨子，
我不得不提出建議，
認錯、認罪，面壁懺悔吧！
誠懇向人民道歉。
換回您的尊嚴與良知，
還我們全家幸福和團圓。
至於那一箱箱、一袋袋髒錢，
繳回國庫。
珠寶、鑽石回歸到它們原來主人身邊。
憑你我父子法律專業，
養家餬口，
何難！
阿爸，您比我更了悟人生。
請答應我的請求吧！
如此，我們都能堂堂正正走路
昂首向前。

九十八年三月一日「鳥巢居」

向「epilepsy」宣戰

何方來的宵小鼠輩
卻冠個希臘古神祇的名字
盤據我大腦裡稱孤道寡
立寨封疆
不時猛揮拳腳
將我擊倒地上
或交通要道，人行路旁
招來死神垂涎
多次欺身而上

八十年歲月
你盤踞我腦海四十年之久
且得寸進尺，如同暴君
頻頻將我擊昏，恣意蹂躪
完全不顧我的生死與自尊

所幸SOS及時呼叫119急救得時
才保住了老命
今天，八十母難日
我，不敢言壽，也不再任你欺凌
矢以鐵血意志，錚錚誓言
戟掌對天
向你宣戰

註：『epilepsy』係癲癇音譯

二〇〇九年一月一日「鳥巢居」

失眠之夜（散文詩）

是誰偷走了睡眠？（連夢也一起拐走）。害我夜夜捶枕，輾轉反側，遭受失眠蹂躪與折磨。

傳說數羊可助入眠。於是，每夜我都緊閉雙眼，默默細數；誰知羊們欺我年邁，不但不依序前進，還橫衝直撞，大聲咩咩（朗誦時用嚷嚷發音），把夜撞傷、嚇哭。但覺黑淚如濤，浪捲千山，滾滾而來，將我吞沒。我欲大聲呼救，無奈口乾舌燥，喉嚨瘖啞，無能開口。我雙手合十。企求諸神賜助，代為找回睡眠。帶回好夢。誰知四週一片烏黑，無際無邊，上不見天，下不見底，全然寂滅。祇有失眠精靈們的淒厲尖叫，刺破夜心，呼嘯而至，侵入我耳鼓，霸佔我腦海，立寨封疆，呼盧喝雉，吵鬧不休…莫奈何，我只好埋首枕衾。豎起白旗，任憑精靈們蹂躪、踐踏，凌遲和折磨。直到晨光的紅唇吻醒黑夜，我方撐起痠痛疲憊的身子，捧著一顆昏沉沉的頭顱。慶幸得救！

後記：大陸探親政策開放後。我因罹患頭暈症，常常摔倒，無法回到離開了數十年的家鄉王牌垸探親，內心極爲苦悶。因而演變成失眠症達三年之久。語云：失之東隅，收之桑榆「失眠之夜」因之而出。感於深度不夠，未敢示人。二〇〇六年六月十六桃園縣政府與元智大學聯合舉辦「重回春天桃花源」詩酒之夜詩歌朗誦會，余有幸應邀參加，遂將拙作重新修改參與朗誦，並借「世界詩壇」一角刊出，是爲記。

二〇〇六年六月十六日台北市

作者簡介

瘦雲王牌，本名王志濂，一九二九年生，湖北省廣濟縣人，官校畢業。服務軍旅近二十年，轉戰半個中國、海南島及大小金門。退伍後經商。現旅居台北市。歷任中國文藝協會、中華民國新詩學會等多個文學學會理監事及常務理監事，廣濟同鄉會理事長及數個民間社團常務理監事、顧問、監察人等職務。

出版著作《雜詩雜吟》、《雜文雜説》、《歌詞與朗誦詩》（雜詞雜曲）三種。歌詞「東引島之歌」獲青溪學會七十五年徵文獨唱曲金像獎。詩文入選多種選集。

張 航詩品

龍騰馬躍

馬與龍 共寢
育不出 龍馬傳人
龍和馬 騰躍
鼓舞起 互動心境
馬殺雞 擊不出
愛情的 火花
但確實 舒展了
鬱悶的 心情
敘寒 問暖

刻骨　銘心
挖掘　不順遂命運
怎撫平感傷　祇好　納悶
奉陪　落淚

小白鴿

白鴿　和藹可親
我向　白鴿招手
白鴿落腳　我的掌心
年復一年　常常如此

啄食喲　啄啄啄
你為我　馬殺雞
啄咕咕　敲木魚
祈平安　禱太平

祈禱

跪祈　幸福安寧
　美夢蒞臨　阿門
心情　輕鬆飄逸
　有求必應　魚雁歡欣
彩蝶翩翩　雙雙飛
　自由自在　羨煞人
禍燃眉睫　甩不開
　跪地作揖　誰睬你
祇好　自求多福
　祈禱　化險為夷
大難不死　定有後福
　誠信膜拜　蒼天護佑

黃昏之戀

夕陽墜　彩霞飛
　郎遐思　妹沉默
人到黃昏　撒餘暉
　花好月圓　鸞鳳鳴
燈火熄　夜寂寂
　沉睡中　夢濛濛
枕邊人　是落難人
　黃昏之戀　搭錯線

七孔笛

依靠泰山　崩塌
　家累　一肩扛起
子女哀哀　待哺
　斷炊　米缸空空

無米　怎謀生計
祇好　拋頭露面
吹奏　七孔短笛
拖著　瘦弱身軀
跑遍　大街小巷
呼喚　善心人士
吾聽　笛聲哀怨
好心喚進　家門
見面　頻頻有禮
滿臉羞赧　細語
排骨　胸脯嶙峋
怎不讓我　憐憫
熱忱　伸出援手
聊表關懷　心意

泡影

兒時手持麥管　吹肥皂水泡
泡影滿天飛　七彩繽紛
大夥兒　抓泡影　好興奮
挺融洽　樂逍遙　快活無比
長大後　勞燕分飛
各奔東西　成泡影
哪兒尋　好玩伴　舊蜜友
幻夢中　再相會
醒後喲　成泡影　真掃興

吻

霎飛一吻
親切誠懇　驚撼摯友
深深擁抱

熱忱表露　情誼昇華
火辣辣吻
龍鳳絞舞　情感永固
纏綿擁抱
難分難解　鑄愛結晶

狠狠襲吻
情愛藝術　永銘心腑
柔柔擁抱
情感塑造　終生難忘

作者簡介

張航，筆名張一航、南風、司徒仙夫，一九三〇年生於江西南昌，曾任雜誌社長、主編等職，在軍中服務二十餘年，大學任教十七載，現任高雄市青溪學會榮譽理事長，曾獲獎無數，並榮登世界名人錄等多項榮典。

傅　予詩品

一首小詩的誕生

一粒種子
在大地下悉悉嗦嗦
彈奏著一首
胚芽蹦出大地的樂章

一位往生者
在黑白雙腳的輪迴下
他仰望著「生命監測器」中的孤影
在通往天國的階梯上
浮　沉

一片葉子
它用生命枯萎的殘骸
親吻著大地，而
寫下了一行詩句

一粒種子
一位往生者
在一片葉子上
寫下了一首小詩的死亡，也
寫下了一首小詩的誕生

台灣日報副刊二〇〇六年一月十日
〈傳予短詩選〉（中英對照）銀河出版社二〇〇四年出版

詩路三轉

當我十七十八時
我的詩寫在一張情書上
那是一首——

「祇要我喜歡，有什麼不可以」的飆詩

當我三十四十時
我的詩寫在各種傳播媒體上
因為我期待掌聲，或是噓聲也好
那是一肚子不甘寂寞的吶喊

當我七老八十時
我的詩已不像詩了
因為所有的掌聲和噓聲
都變成佛陀口中的梵唱
而網路上的飆詩，以及
不甘寂寞的吶喊，也
飆成一夜繁星
沈默的留言

台灣時報副刊二〇〇二年十一月一日

冬眠

——一本五十年不見陽光的詩集

歲月跌宕在「夢土上」（註）
從一九五七冬眠了半個世紀
蟲蟲蠶食「夢土」的邊界
陽光，透過雲層，摩挲著
　片片發黃的葉子
陽光，透過雲層，照耀著
　朵朵不凋的花瓣

一個賞花人小立於花前
從縷縷青絲，站成了
　「白髮三千丈」

註：「夢土上」是詩人鄭予愁的第一本詩集，緣於一九五七年夏，相互題贈彼此

的第一本詩集(拙集是「尋夢曲」於一九四四年自費出版)該「夢土上」詩集塵封半個世紀，扉頁被蛀蟲蠶食邊界，內頁發黃，幾成孤本，我們亦從啾啾青鳥變成了白頭翁，對人生無常，不勝悵惘，有詩爲誌！

二〇〇八年九月二十七日於小詩屋

悟

一道千手晨曦
撫摸著大地
大地醒了
一響古剎鐘聲
棒喝了一聲
我醒了

人間福報副刊二〇〇八年七月十二日
〈傅予短詩選〉(中英對照)銀河出版社二〇〇四年出版
〈乾坤〉詩刊第三十三期(二〇〇三年夏)

瓶中臍帶

如果說黃河是孕育一個民族的胎盤
那麼長江可是擁抱祖國的一條腰帶
我癡癡地凝望著瓶中的這一杓水
它可是剪自長江三峽的一截臍帶

後記：二〇〇一年七月二十七回隨團遊於長江三峽而攜帶一瓶長江水，有感而作
本詩獲「重慶世界詩人信使」英譯刊第三十六期（二〇〇四年十一月）。

牽手

昔日，宛如一杯香檳
在杯弓蛇影中你儂我儂
如今，宛如一枝手杖
在晚霞滿天中牽手徒步於斜陽

青年日報副刊二〇〇五年五月二十八日

時　間

太陽一生的行程

（寫於二〇〇二年）

肚　臍

一座封閉的橋

（寫於二〇〇二年）

詩在那裡

詩在那裡
詩在情人的眼淚裡
詩在白雲的故鄉裡

詩在那裡
詩在阿母咿啞的兒歌裡
詩在阿爸蹣跚於斜陽下的背影裡

詩在那裡
詩在螢火蟲的尾巴上
詩在一顆詩心永遠
停格在春天的季節裡

二〇〇八年十一日二十四日

作者簡介

傅予本名傅家琛，一九三三年出生於福建省福州市，家庭經濟因受八年對日抗戰影響，父親經營二家百貨公司先後倒閉，無力讓他續學，一九四七年仲秋節他受父命來台投靠舅兄。一九五二年勉力完成高商畢業（民四十一年），經考試分發一公營交通事業機構，初任委派試用職務，是年十九歲，嗣自我努力經升資考試，升任至高級業務員（相當薦任職務），至一九九八年始退出人生職場，是年六十五歲，任公職年資四十七年。

一九五五年五月自費出版袖珍型小詩集《尋夢曲》

二〇〇一年由文史哲出版我的第二本詩集：《生命的樂章》

二〇〇四年香港銀河出版社用「中英對照」出版我的《傅予短詩選》

二〇〇九年由「秀威」出版《傅予詩選》

丁　穎詩品

雪　戀

一別三十載，如今重逢異邦
我擁抱你於零下九度的溫哥華
你輕吻著我的面頰，柔柔地、濕濕地
伴著盈眶熱淚，流入我童年的甜蜜

你繽紛的舞姿，依舊輕盈美妙
而我已腳步蹣跚，兩鬢飛霜
何年能擁你於故國
我當高吟著陶潛的「歸去來兮」
攜你載欣載奔

雪啊！你是我少年的情人
還記得躺在你懷裡嬉戲
在你冰肌玉體上打滾
臘月除夕，伴你與家人圍爐共聚
今日你我邂逅他鄉，卻沒有家人相陪

雪啊！你重燃我年少的戀情
亦撩起我積壓心頭三十年的鄉愁
以及，對大明、西子的懷思
今夜，你的裙裾會飄過北中國的原野
留我在千萬里外，悵對滿天風寒
再度和你揮別

後記：一九八〇年十二月六日由東京飛抵加拿大，冒風雪遊溫哥華公園，臨山環水，頗有西湖風貌，是夕轉飛秘魯，悵觸之餘，感而作此。

浪人吟

在夢中
我種滿鄉愁
　以淚灌溉
當我醒來
那盛開的
　鮮麗的花朵
都是兒時的
　記憶

皺紋

時間的輪子
輾過風霜累積
　的額頭
那縱橫的軌道

是歲月的腳印
亦是勞苦的痕跡

廬山之夜

我們來自不同的方向
但每個人情懷卻一樣
喜悅、興奮，也有幾許惆悵
昔日少年，如今都兩鬢飛霜

我們來自不同的方向
卻有著共同的理想
這是一次詩的聚會
詩，給了我們力量與希望

我們來自不同的方向
今夜，買醉深山野店

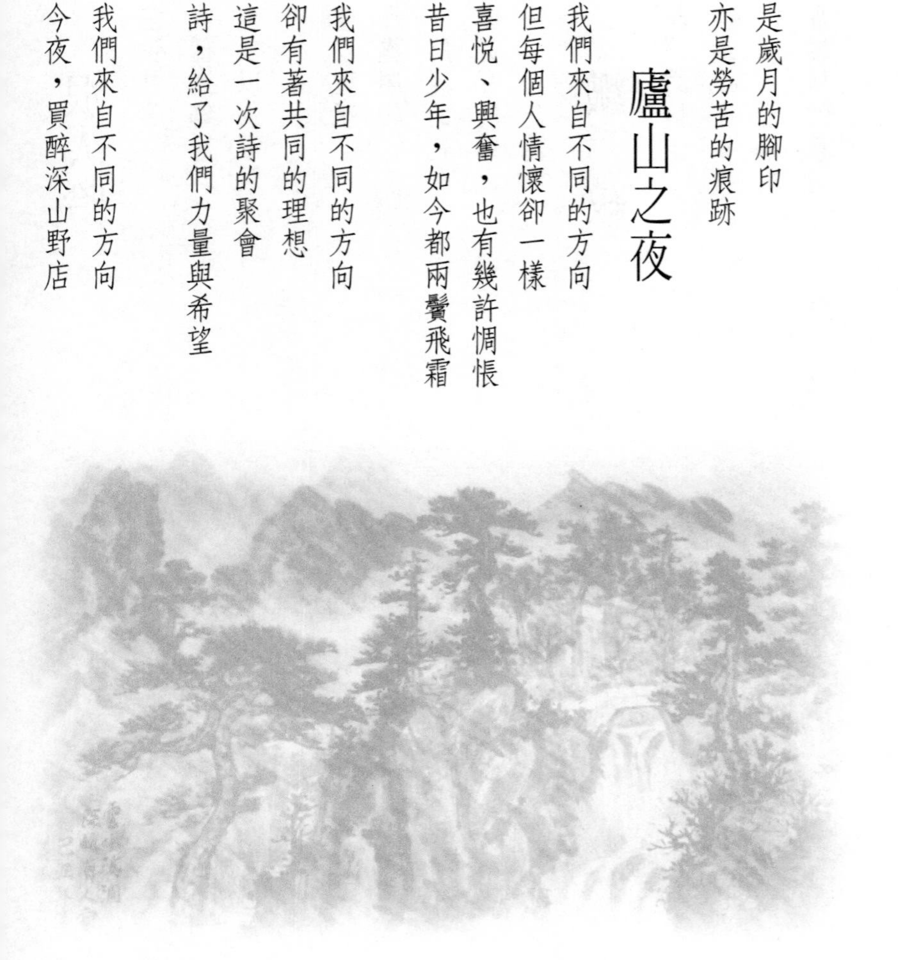

為的是分裂的國土與愁悵
為的是民族文化的衰微與淪喪

我們來自不同的方向
只因心湖裡熱血在激盪
建一座長橋在隔離的海峽兩岸
讓五千年文化從這兒發出光芒

後記：詩人余玉書先生由港來台，偕高準、藍采二兄遊廬山，夜宿霧社溫泉，把盞話舊，共讀玉書兄捎來的藍采兄之家書，憶及古人「烽火連三月，家書抵萬金」悵觸良多！海峽兩岸隔絕四十年，此中國人之悲劇！未卜何時方能結束？同時有感兩岸文化的長期分離，亦中國人之悲劇，爰草此小詩以抒所感！

一九八八年五月四日

失　題

涼亭
酒瓶

構成一個渾然
一個無感不覺的存在
把泥土的三角戀
交給歷史的審判者
星空下，我們可以去海上尋夢
再不，就隨十二月的夜風
　　一同去流浪吧

後記：一九六〇年歲尾，一個無月之夜。偕野夫、吳蒙，秉燭飲於碧峰山之涼亭。僅橘酒一瓶，花生米一包。天外寒星窺人，山中林風蕭蕭，頓感客歲易凋，乃席地成此詩，以抒胸中之塊壘。

黑色的蠱惑

一些黑色的小精靈
偷偷摸摸地，到處散布著
　　黑色的蠱惑
我想：這於我何干呢

但它們竟想扼殺一個春天

可是它們不懂，黑同時非黑
（最簡單的一個邏輯）
那邊不是懸著一顆鮮紅的心嗎
它們沒看見，就說黑是代表
一切色彩的。除非我也變成色盲
否則，我怎能也如此說呢！

唉！那些黑色的小精靈
到處散布著十二月的謠言
黑色的蠱惑

名字

十二月。心湖中
投你晶瑩而纖柔的影
贈你一名字，寫於胭脂樹的私語間

紅日下，刻我的誓
在那枚小小十字架上
疊我的鄉愁，寄給北風
燃我的戀，以你最初最初的純真
記取最初，嫰嫰
記取聖誕花的叮嚀，以及那
　　　沉沉的密約
當燕子再來時，我總會想起
第二度展示生命的白百合
乃於你回眸的嫣然
冰凍之日，我曾有所觸及
跋涉中，你是春、是美
是一莖青青的麥冬草
——一葉成長的相思
雨季過後，掬飲你一勺微笑
　　在迢迢的路上……

紅葉

是誰，偷偷地
把秋剪貼於少女的雙頰
於是，整個的宇宙都醉了
　　　　　　　　　以全燃的感情
　　　　　　　　以西風的姿

霧

不是輕紗，亦非淡煙
而是心靈的抒展——
一朵小詩蕾醒來的朦朧
一種不可觸及的
　　生命之美

後記：一九六三年二月最後一日夜，燒酒一瓶，落花生一包，與畫家C君對酌。澆胸中愁，話失意事，微醺中，C君一時興至，起而調丹弄墨，揮毫作畫。其畫，乃一曇花，托以霧景。蓋取「霧裡煙花雨裡灘，看似容易畫時難，早知不入時人眼，多買胭脂畫牡丹」之意。畫成，囑余寫題，乃爰筆草此數語，以跋之。

作者簡介

丁潁，本名丁載臣，一九二八年生，安徽阜陽市人，安徽大學中文系卒業，現任藍燈文化事業有限公司董事長，世界論壇報發行人等。著有詩集《第五季水仙》、《濁水溪畔》，散文集《南窗小札》、《西窗獨白》，小說集《白色的日記》。

夢的解析

夜長夢多
是心中有一盆火
自那年三月春開始燃燒
跨越一冬，一冬又一冬
無人能解析

讓夢自行走回歷史的長廊
留下你我在人間
短眠輕夢　春秋大夢
都似晨曦小鳥隨風飛過窗前
春夢了無痕

午後躺在沙發上
夢就抓起窗衣輕步蓮移來
大夢誰先知？平生我已覺
半醒半夢中聽到有人大喊：
南台宣佈獨立　台灣爆發內戰
夢如醉酒的春天在耳邊細語：
人生如夢　不能解析

二〇〇七年春作，夏修定稿，並於〇八年「三月詩會」朗誦
「世界詩壇」，一三二期，九十七年五月十五日

抓一把從前的妳

伸手一把抓住北風
急著想要打探妳別後的行蹤
任秋雨拂面
只想測知妳的心情

水鏡中望月
想再一次端詳妳清秀的臉龐
這些年
我到處讀取一些風風雨雨
無非想要重新拷貝一份屬於我們的
記憶
緊緊的抓住妳
卻只能抓住一把回眸的倩影　和
細雨飄飛的髮絲

「秋水詩刊」一三四期，二〇〇七年七月

婚疑擬影

偶然
她在星期天的辦公室發現一隻婀娜多姿的
影子
從他身邊飄然而過
美腿和高跟鞋

如劍　襲來

她決心全面啓動調查機制，查
飄然而過的影子是誰？
他為什麼晚一小時回家？
他的手提包、皮夾口袋中必有天大的秘密
還有，他下了班怎有電話？
還有，那聲音，細細的，輕如那影子

下一步，她決定全面反制，掌握全局
老公嘛！只須要一條最粗的繩子
把他綑得緊緊的，釘得死死的
至於那漂亮的影子——不，可惡的影子
也不，鐵定是一隻千年狐狸精
得準備一個最結實的鐵籠子
她日日夜夜提高警覺

繩子籠子老早備好待用
不料，繩子綑住了男人
可惡的影子從籠子的小縫飛走了
決不甘心
立即再啓動〇〇七追捕系統

抓不到影子　永不甘心
套不住男人　死給你看

二〇〇五年春日小記，〇七年秋修訂稿
《葡萄園詩刊》一七六期，九十六年十一月

古井

這麼狹隘的路
總讓人有恐懼感
眼光短淺
小小的洞天裡
藏著宿命的哀怨與悲歌

群蛙在這裡爭食
幾隻小蛇稱王
我孤坐百年思索不出解套辦法
一點點思想活泉正在乾涸
一些許文化水平快速下降

去那裡尋找活水源頭
只能把心靈投向遠天
我知道那裡有浩瀚的天空和錦繡的河山

作於二〇〇七年春
江蘇省老科技《綠野》詩刊十四期
二〇〇八年五月

作者簡介

陳福成，祖籍四川成都，一九五二年生於台中。筆名：古晟、藍天、司馬千；法名：本肇居士。軍職出身，歷任野戰部隊各職、台大主任教官。一生以「生長在台灣的中國人」爲榮，鑽研「中國學」四十載，以宣揚春秋大義爲一生志業。出版著作五十餘部，範圍包含國防、軍事、戰略、兵法、兩岸關係、領導管理、詩歌、小說、翻譯、人生小品，及大學、高中、高職等國防通識教科書。現任空大兼任講師、七家雜誌詩刊同仁。

游永福詩品

再載我N次

——給秀美

允我，一摟嬌巧的腰
身軀扭擺，妳卻
噗哧噗哧一直笑
只好輕輕、輕輕
搭著妳肩膀，以免
機車啓動，人跌跤
背，越貼越緊
因為想，抓住一隻隻

妳口中展翅飛出
卻被風兒打散的黃鶯鳥
不解風情妳的飛髮
竟然，挑逗我臉頰
以一座座，芬多精森林
以一谷谷，醉人百合花

後記：大約是民國八十年吧！我赴鳳山園管部，參加「清溪」的茶會，會後初見面的秀美，知道我是車站走路過來的，便熱心送了我一程，乃有此飛髮飄香的韻事！如今，大家已習慣使用安全帽，韻事，不可得再矣！

民國九十年三月一日《台灣新聞報‧西子灣副刊》

失眠的奮起湖

午夜，路過的運材列車
公然傾吐心緒，以悠悠的氣笛
文靜的奮起湖，竟著了迷
覆誦一句來啊又沈吟一句去

又覆誦一句，還沈吟一句
一句又一句，女孩深情的問語
也在我耳谷，東撞擊西撞擊

此去幾十里，一間杉樹林中的幽居
說可望見多情夕陽，抹紅塔山山壁
就是女孩住處，就是女孩住處
躍上薄敷星光的杉樹林地
我再也忍不住的情夢
倏地翻山越嶺
滑　行　而　　　去

後記：民國六十一年（一九七二）年春節，長我兩歲的二姊，一早陪我從甲仙北上嘉義，再轉搭阿里山線的黑台火車，到了奮起湖已是下午，只見茫霧深鎖。初見面的姑媽說此去太和要兩個多鐘頭，衡量時間及天候，都不適合初到的我們走。說著說著，就盛情張羅起晚餐，把我們截留而下！

民國九十一年七月《秋水詩刊》第一一四期

天天我餵時間以蜜，所以

我叨叨念念的
永遠矜持含蓄
我牽牽掛掛的
永遠安詳靜謐

哦！無情的時間悄悄
裂了一縫小小的隙
唯一
我是漏網的魚

民國八十九年三月十二日《中央日報・中央副刊》

二分之一秒

我遍尋不著，夢中
一朵深山凝露的百合
及見二分之一秒之長之久

妳純真的笑容，才懂
百合也會心動
她早隱入，幽靜安詳
妳的黑瞳

後記：民國八十七年五月二十六日，我從台北搭乘自強號夜車南返，與住高雄政治系畢業的陳小姐萍水同座。

民國八十九年十月十日《台灣新聞報・西子灣副刊》

作者簡介

游永福，民國四十二年（一九五三）年生。十八歲起以寫詩爲主，其後，才進入文史與生態領域。

已結集作品：《花邊剪刀》（詩集，二〇〇〇年一月一日）、《甲仙文史記事》（二〇〇六年八月三十一日）、《一路領仙》（登山健行導覽，二〇〇三年十一月十八日）、《走讀甲仙》（學校教材，二〇〇七年八月）。

潘雅文詩品

怒 火

——二〇〇六年九月十六日圍城之夜

久久積鬱的民怨
像蠢蠢欲動的超級火山
在九月的台北城爆發了
穿紅衫拿紅光棒的群眾
在夜雨溟濛中
騰沸如火山噴出的岩漿

光團火球般的紅潮
自四面八方匯流

隨處加入圍城的動線
所有的生命溶化為光熱
所有的信念凝聚成洪流
流動為波瀾壯闊的長龍

遍地紅衫遍地火
百萬群眾百萬軍
攻向撕裂族群的政治騙子
攻向貪腐失德的統治者
誰管雨水混著汗水淚水
就任雨聲合著歌聲喊吶聲

從此紅衫像紅花開放
從此紅花雨的歌聲傳唱不已
從此路樹間的紅緞帶
日夜在風中雨中飄揚
而卑微蒼生的心願

等待無語的上天應許

日落邊關
——沉澱在冷戰歷史中的歲月

日薄海空
海平線張大如巨眼
望著萬里霞天
望著雁影歸去
雲鄉高遠
有路轉入天涯
向無盡星野
向淒涼夜夢

．

日沒雲山
地平線托住餘暉
看雲朵飛渡關山

看灰幕鎖住征塵
暮色幽微
有青煙拖曳著愁絮
散入蒼茫天際
散入悠悠歲月

·

日落邊關
碉樓縮回孤寂的長影
聽林鳥和晚風對白
聽野地天籟初唱
夜燈昏黃
照見時間的腳步聲
悄然帶走眷念的日子
悄然帶走青春夢

·

日迫荒煙
北風又在曠野

搜刮顫抖的枯枝殘葉
吹弄鐵絲網間悽厲的嗚咽
天地灰暗
碉堡內透出的酒香
飄散些許沉澱心底的話語
飄散些許陳年的鄉愁

焚燒的風景

萬頭鑽動
像漂流木衝進洪流
在車流間載浮載沉
在光氛和廢氣中蒸騰
人影摩肩接踵
彷彿走過路障繞過行樹

沿著流影游移
踏著聲光追尋

忽焉掉進萬花筒
時而闖入迷宮
情境如真似幻
聲色像漩渦亂流

時間被甩昏在腕錶裡
夢想被火球照得發亮
所有的色聲香味觸
像天羅地網籠罩
起念便有因緣生滅無盡數
動心就有悲喜糾葛無盡藏

魍形魅影佔盡華燈
萬象風塵充塞城樓
一切在夢幻泡影裡追逐
一切在如光如電中流變
而黑夜在天外流浪

路燈望著焚燒的風景

聖蹟亭

——龍潭鄉崇祀倉頡造字的三級古蹟

火化最後一頁紙片
記憶散入青煙
悲喜化作蟲聲
從此孤立成時空的荒寂

飛灰長成芳草
石壁蝕為文章
風吹來天籟
雨敲醒空靈

封塵　醞釀香醇
淹沒　深藏珍寶

神蹟總有聲息流傳鄉野
傳説自有芳徑走入人心

開過的花回歸大地
用過的字還給造字的聖人
而過化存神的聖蹟
永遠觀照惜字感恩的心

作者簡介

潘雅文，花蓮縣人，現定居中壢市。喜好文藝，寫散文、寫新詩、寫書法。現爲中國詩歌藝術學會會員、中華民國書法學會會員、桃園縣文藝作家協會監事、桃園縣書法學會總幹事，常有創作發表。

紫楓詩品

展翅

左手古典
右手現代
總想將兩手變成雙翅
帶著詩情畫意遨翔
以我獨特的彩翼做個美麗的信使
送給你我的真情至性
喜歡也好　不愛也罷
悠然自在划掠過藍天大海
穿越過春花秋月
醉死謬思的懷抱
我奮力呀奮力

一心要展翅飛起
為了我的詩夢

享受孤獨

讓靈魂於靜逸中自在悠遊
通體清澈　無牽無掛
微笑自心底泛開
嘴角輕輕彎成玉蓮展瓣
看著汲汲營營的人如囚
超然自主的舒暢
每個呼吸都是滿滿的滿足
踏著輕盈的步伐彷彿長了翅
如此神境般的享受卻是短暫
當自由不在
我也被鎖成囚

野薑花

依於澤畔
朵朵純潔的蝶翼於暮秋中
迎著涼風款舞　飄溢出清香
於是秋有了生機　有了活力
於是夢中有了倩影　有了笑意
或不妨摘回賞讀　嗅嗅她
你將抹去淚痕
希望油然而生

秋

秋渲染開輕輕的愁
雨如淚滴
細細訴訴　點點清澈
敲打著我的肌膚　我的心
西風吹落一地枯萎

飄飄撒撒片片惆悵　拂過窗櫺
涼意穿透薄裳
傾聽小葉欖仁聲聲嘆息
掃不盡離愁
迷濛的天空
寫滿了傷情

二〇〇八多事之秋

可曾傾聽秋蟬低吟
可曾楓林閒步尋詩
可曾浸浴著雲淡風輕
可曾凝思悠遠細流
可曾坐望夕陽野雁
曾或不曾都已無法找回
秋情　秋意　秋境
所有所有臨別前的秋波都已死
因秋颱　因土石流　因魂喪斷橋

因毒奶恐慌　因金融危機
因貪腐洗錢掏空國庫製造紛亂的「扁禍」
夕陽野雁急急逃離
黑暗攏來
二〇〇八多事之秋
多了許多企盼曙光的生靈
掙扎著活

與光陰對話

我留不住你的腳步
在迎接你的當口又急忙揮別
我是百般不捨你卻從不回顧
毅然決然惡狠狠的甩開我
甩成一個惆悵無助的老人
於是我把白髮染黑　把皺紋拉平
吞下一把把的荷爾蒙
以為掌控了你一味奔馳的繮繩

大喝一聲　勒令你煞住腳步
卻見手上滑落一張張泛黃的照片
你狂妄的嘲笑聲在空中迴蕩
我只有舉起健康長壽的牌子與你抗爭
別以為滿臉風霜的我永遠是輸家
當我把我的足跡留在你的心裡
你將再也無法將我甩去

作者簡介

紫楓，本名杜紫楓，河北省豐潤縣人，一九五〇年生，屏東師範學院語教系畢業，曾任國小教師，現已退休。已出版童話七本，童劇二本，童詩一本，新詩集二本。

莊雲惠詩品

自醒

拖著孤寂的身影
蹣跚地走成心靈的黃昏
似近實遠的愛情
是自欺的幸福

不是離人
卻有數不盡的哀怨
不是離人
卻把黃昏讀成西風紅葉
在深秋
結滿一樹珠淚

忙碌是疏離的藉口
淡漠是疏離的真相
殘酷的面對事實
飲一壺自醒的清茶
追念千般光色
　萬般彩影
復告別深情歲月
片片殘夢

不變之情

莽莽紅塵
看情愛翻騰
有福有幸
擁滿懷純真
滾滾紅塵

看人事浮沉
有福有幸
證一世堅貞

以定定的眼神
把依戀看成陽春
以暖暖的手掌
把浪漫握成恆溫

不管他情愛翻騰
休怕那人事浮沉
有了愛的滋潤
心靈沒有皺痕

總在心頭

以為春天已遠逝
原來

春　還在心間
以為詩章已寫就
原來
詩　還在心頭
以為思念已密封
原來
思　還在心上

你是我的思念
我的詩章
留給我不老的春天
日日夜夜
把回憶
讀成浩瀚的天文

忘憂

累時
倦時
回到一彎溫柔的臂膀
我心上的小舟
停泊在深情的月影

愁時
悲時
返抵一懷壯實的胸膛
我心上的竿綸
垂釣起真愛的星輝

枕在愛中
有蔓生的忘憂草
歲月的河湄

飄散雋永的芬芳

留　愛

夜深幾許
我心寂寂
與己對話
書中自有風景萬千

幾許夜深
我心悠悠
默默無語
心中自有風情萬千

與己對話
留愛停棲
有夢待飛
來日可期

作者簡介

莊雲惠，生於台灣省新竹縣。致力於新詩、散文、與水彩畫創作。

曾榮獲中國新詩學會「優秀青年詩人獎」，中國文藝協會「新詩創作文藝獎章」、「水彩畫創作文藝獎章」，台灣省文藝作家協會「中興文藝獎章新詩獎」，國際炎黃文化研究會「突出成就獎」，及青溪新文藝學會頒贈「績效優異文藝狀」。

著有詩集《紅遍相思》、《心似彩羽》、《莊雲惠短詩選》（中英文版）、《歲月花瓣》、《莊雲惠詩選》（大陸出版），散文集《預約一生的溫柔》、《葉葉心心》，散文水彩畫集《花開的聲音》，新詩水彩畫集《綠滿年華》；主編《大詩壇──中國詩歌選》。

並曾多次舉辦新詩水彩畫個展，及參與國內外水彩畫聯展。

龔華詩品

我們還要聽風景去
‧青藏高原、九寨溝旅遊詩抄

之一　孟達天池

水流來了
覆上落石
黃河夢想著天池
夾著濃濁的鄉音
閱覽夢裡路過的風景
地貌的語言在流傳

千年萬年
扼要而犀利
在愛情的史跡中
鐫刻如城堡的沙雕

那似曾相識的
如靈魂般柔軟的沙雕
隱約浮現出一對翅膀
問你　該飛向何方

在城堡窗口
我們看見護城河醒不來的夢囈
你我原是沙雕裡的化石
殘骸呼之欲出
在沉默而嘹亮的巨響中
攀沿著天池的迴旋路

之二　高山症

青海湖的高度懸著心悸
牽掛的詩鍊繫住足踝
你遲緩下腳步

喔　親親　才來呢
還不許離去
待我替你冰冷的身體加溫
遲遲秋日的油麻菜子
因我們熱血的身軀
結出一片狂野的靈魂
我嫩黃的心跳
便能低矮地讀著你脈博的密碼
在這高原的泥土上

之三　天國之歌

你的眼睛漸漸閃著湛藍的光
驚豔著泅泳湖水裡的天空

那涼叟而肅穆的倒影
彷若我們的歸宿

誰知道呢
在這天國的足下
一半溫度或是謊言
人群純屬虛擬
煉獄複製著煉獄
從後現代裡逃亡
玩累了黑暗中拼貼詩句的遊戲
重回陽光折射的地帶
趁海藍收割著金黃
我們佔領天堂
在油菜田裡
彩排青梅竹馬的童年
再盡情揮霍幾生幾世吧

之四　倒淌河

那歷史獨行的淒美神話
還在高原上流傳
親親
我們還要聽風景去

倒淌河逆向的西流聲裡
涓涓傳說著造山運動的玄奧
而你必然更傾心於來自大唐的清淚

何需眼淚滌洗
我早已隨你望穿文成公主跌碎的寶鏡
在日月拔高的青藏山巔
祈求藏傳化身
切切傾聽的
何止千年萬年
那句我們共同守候的鄉音

蘭花私語

1 風蘭

當弧形的風
滑落自彩虹的背脊
雨蓬遮擋住佝僂的記憶
不忘訴說老去的年代
妳在危顫的潮濕裡
不知覺依然盛開
盛開

2 樹蘭

凝聚迷霧的幽香
深谷禪坐
天籟助念間
蹤縮陽光歇息如螢火
雌雄相遇於蕊心
無關情慾

邂逅在遠處

3 飄唇蘭

妳的
生命將被譜曲
靈魂將被朗誦
如果有一首詩
以妳的名字命題
仍然不發一語
因妳從來只懂得沉默

4 泣血文心蘭

譜一齣
浴火紋身的愛情腳本
花瓣上節烈盤坐
豈忍殘吻兀自輪迴
嘔心泣血般
生生世世

5 石斛蘭

初暖的氣味
在蘭心中甦醒
盛裝出場的花序
在傾斜雨絲裡
驅趕季節的憂傷
彩繪孤寂

6 妖精蘭

呼喚驚奇
如呼喚妳的乳名
喧騰的情緒裡
微噘的唇萼隱藏的
可是妳
由天而降的繁複身世?

7 嘉德麗亞蘭

以絲絨覆被
為春雪

為秋陽
在黃昏後
慵懶的花床上

8 燈籠石斛蘭

閃躲滿園結彩的燈籠
嬪妃們赧然的竊笑
燦然如煙火

作者簡介

龔華，曾任教輔大英語系兼外語中心學生輔導員，貿易公司負責人，癌症病患輔導團體創始人，雜誌總編輯，新詩讀書會講師。從事散文與現代詩的創作。現任乾坤詩刊社社長，小白屋詩苑（童詩季刊）社長。著作：散文小品《情思・情絲》（三民書局，一九九七）、詩集《花戀》（詩藝文，二〇〇一）、詩譯著《逆光》（普音文化公司，二〇〇七）等七種。其作品被譽爲在承受新興女性文學思潮激盪的同時，也堅持傳統婦女的美質，呈現溫良、貞靜、秀美的藝術特質。

林明理詩品

牧羊女的晚禱

鐘聲終於開始響了
女孩陷入沉思
從那雷雨進入尾聲的
深紫色天光
在霧般的雲朵下
傳來了天使的回音
是否我能

像這青草一般
依偎在森林的身旁？

怎樣我才能
守護沉睡中的綿羊？

虹的片刻安慰
嫩芽的相迎
還有那老樹
都伸出懷抱——
只有風的土氣和笨拙
帶回的訊息
干擾了我
透過這夜
這個仲夏的
晚禱

《秋水》一四一期，二〇〇九年四月

夜櫻

冬盡，星露下
紅枝低垂
殘星帶路的野道
恰似妳沉默的湖面

漫步向前
輕吹著口哨
妳，像淘氣的小白蛾
燈下飛舞
也想捕捉

這一季
那風雅泛舟的野趣
不是水天
是月下櫻

哼上一曲
夜，幽玄

瓶中信

緊抱僅有的一線
希望，寄託波浪
她傳遞的使命，
支撐著夢想。

風霜的臉　佈滿了驟雨，
強忍著痛。
一座冰山　擋住她的胸口，
請求通航。

二〇〇八第九期《台港文學選刊》總第二六二期
原載《笠》詩刊二六八期，二〇〇八年十二月

風知道妳來自古老的故鄉
歷經萬險
只為一個不變的諾言，
像一個月亮。

二〇〇八第九期《台港文學選刊》總第二六二期
原載《葡萄園》詩刊，一七七期，二〇〇八十二月

金池塘

風在追問杳然的彩雲
遠近的飛燕在山林的
背影掠過
羞澀的石榴
醉人的囈語，出沒的白鵝
伴著垂柳戲波
秋塘月落

鏡面，掛住的
恰是妳帶雨的　明眸

二〇〇八第九期《台港文學選刊》總第二六二期
原載《笠》詩刊二六五期，二〇〇八年六月
「人間福報」副刊二〇〇八年四月十日

遲來的春天

冬盡隱退的殘星
伴著林中寒月
有一種低沉的、流盼之情……

銀湖前
幾株白楊
化為溶溶的藻影
冬蟲甦醒
躊躇滿志的
對著一隻機智的夜鶯

走出小徑
聽得乾葉從桐樹墜地嘆息，突然
一絲絲冷雨
枯條兒動了！
——恍若苦守的曙光
漫長，卻漸生

二〇〇八第九期《台港文學選刊》總第二六二期
原載《笠》詩刊二六五期，二〇〇八年六月

北極星

虛數空間悄悄擴展
化成
轉動的線
縱橫宇宙各個角落
正待交會於
兩個圓

我越往北前進，山徑裡
只有北極星亦步
亦趨
把黑暗驅趕著
向前奔走，而
堅持欲跟我
藏進松林裡面

二〇〇九年四月《笠》二七〇期

雨夜

夜路中，沒有
一點人聲也沒有燈影相隨。
在山樹底盡頭，眼所觸
都是清冷，撐起
一把藍綠的小傘，等妳。

雨露出它長腳般的足跡，

細點兒地踩遍了
壘石結成的小徑，讓我在沙泥中
心似流水般地孤寂。

我用寒衫披上了我的焦慮，
幾片落葉的微音，卻聽到
那連接無盡的秋風細雨
竟在四野黯黑中出現和我一樣的心急……

二〇〇八第九期《台港文學選刊》總第二六二期
原載《笠》詩刊二六三期，二〇〇八年二月

寒 松

沒有人可以像你聳立在山中
清絕、靜絕，你本沉入忘我
在小樓的一方
你的坦蕩是雪林的撼動

不可逼視的冬風
掀起了冰霜
在蒼茫的幽徑裡
你，伴著隨階而上的星月
透出了漸次低吟的清音

二〇〇八年十二月《笠》詩刊二六八期

作者簡介

林明理，女，一九六一年生，台灣省雲林縣人，法學碩士，曾任教於國立屏東師範學院、高雄海洋技術學院、屏東永達技術學院，現因身體健康關係已退休，專事詩文寫作，已出版詩畫集二本《秋收的黃昏》、《夜櫻》。二〇〇八年加入葡萄園詩刊爲同仁。

文　林詩品

冬之組曲

冬至

吃的是湯圓
談的是進補
有誰想到
此日晝最短
夜最長
當更惜光陰

冬雪

去年此時
日日鏟雪
夜夜斷電

遠離美東
幸耶
不幸耶
世事難料

冬眠

還是動物好
可以冬眠
不必暖衾難捨
不必踏雪應差
一覺醒來
宛如脫胎換骨
又是一尾活龍

嚴冬

有人想
何時舉杯賞雪
有人念
何以果腹驅寒

唯有詩人
雪夜忍饑亦有句

一樣的月

我們賞月吃月餅
他們賞月吃月餅
一樣的月
一樣的月餅

國人觀月想嫦娥
洋人觀月想登月
一樣的月
不一樣的結果

古人看月寫詩
今人看月寫詩
一樣的月

不一樣的詩

月還是月
我們還是我們

雪後

寧靜
是大雪過後的贈品
輕柔
是天使掉落的絨毯

詩人
在寧靜中挖掘靈感
文豪
在輕柔裡放歌

那　絨毯之下

是否有著更多的寧靜

燈

需要
還是不需要
得問誰

晨曦
天生的鬧鐘
喚醒天的工作
晚霞
最好的提醒
該去尋夢

是誰
發明了燈
與日爭光
與夜爭長短

是誰
發明了夜生活
讓人晏起
安寧從黑暗中出走
需要
還是不需要
得問你

雪

裹了一身白粉
以為等著下油鍋
一夜醒來
卻被送進了冷藏庫
因母親改嫁
那年
自己正名
因出嫁從夫

今年
再次正名
想回歸生父之姓

眞情假意

當眼光交會
心跳加速
正是荷爾蒙上升時
那樣美
那樣好
一切如此純真

當眼光撇過
激動不再
悔意萌生
多少怨
多少恨

一切如此虛假

定居何處

天府之國的美名不保
地位已大大動搖
多少家園傾倒
災民哀號

天府不穩
何處得以安居

作者簡介

文林，本名林文俊，政大畢業，密西根州大學教育碩士，曾任教美國明德大學、史丹佛大學等，現從事英語教學與研究。《葡萄園》詩刊同仁，已出版《文林短詩選》一冊。

曾美玲詩品

讓我們一起去賞雪吧

如果您願意，請放下
爭執時千百種必要的理由
退出互不相讓的辯論賽
讓我們一起去賞雪吧
耐心傾聽
那溫柔謙卑的告白

站在不畏寒風鞭撻
玉山之巔，靜靜擁抱
冰雪的記憶，回望島嶼
動盪歷史，以淚書寫

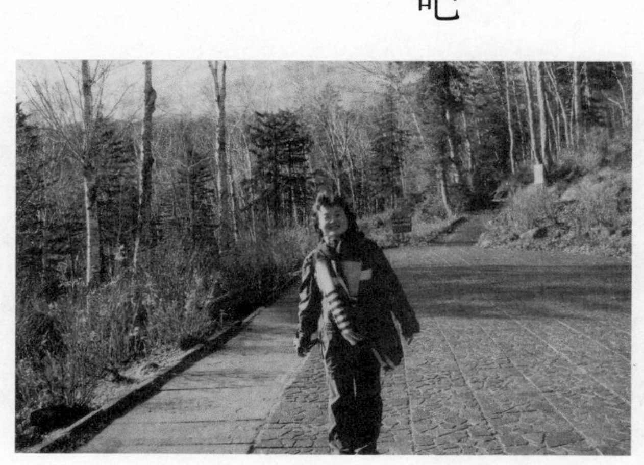

熱騰騰的傷痛
懷念母親教過的歌
大地的脆弱與堅強
短暫開放永久停駐
野百合希望的春天
回望濁水溪載不動的悲喜
集體命運搖晃不定
代代模糊又鮮明之愛恨
或許，我們會同時滴落
憂思的熱淚

讓我們一起去賞雪吧
看那一朵朵舞蹈的雪花
化作一行行祝福的詩句
化作一串串祈禱的音符
化作一群群善意的天使
帶領我們穿越風的空洞謠言

雲之蠢蠢慾念穿越仇恨
佔領黑暗統轄茫茫荒原
虔誠地跪下，親吻大地母親
滿身污泥陳年傷痕
耐心傾聽島嶼上
　　輕鬆或沉重的嘆息
　　悲傷或快樂的情歌
　　真實或虛構的故事
雪花般瘋狂或理智的告白
讓我們一起去賞雪吧

後記：台灣在二〇〇五年三月間下了一場罕見的大雪，從北到南，人們紛紛上山賞雪，謹以此詩記錄當時的心情。

二〇〇五年四月

知音

〈一〉雲

追趕星星月亮太陽
負載希望的光
悲傷的淚
現實的道路上
偶然撞見千年
流浪的雲，綻放
滄桑刻劃的笑容
想起那群
高談闊論的理想
忍不住停下腳步
相對無語
深情交換
寂寞的
詩

〈二〉詩

那不是偶然的
邂逅，如雲之無心
翩翩然，你來赴約
揣著前世永不凋萎
珍珠的誓言
億萬顆滄海的淚
寂寞歎息的子夜
鄉愁吟唱的黃昏
靈思漫舞的清晨
共譜一曲曲
未完成的
夢

〈三〉夢

有一句真心
羞於寫成
鏗鏘的詩

有千行牽掛
不忍負荷
瀟灑的雲
便輕輕摺疊
揣在懷裡
趁夜色，溜進你
熟睡的夢境
逐字
　吐露

午後淡水紅樓小坐

像一艘載滿故事的
船，疲憊停靠
深秋的河岸
匆匆行囊
閒閒掛起

二〇〇七年五月

且握一壺茶的
心事，沉默啜飲
鄰近山色

時而雲霧遮蔽
似理不清的愛憎糾結
解不完的生死謎題
走不出的困惑迷宮
更遠處，河的盡頭
大海不發一語
凝神
諦聽……

而當黑暗無聲敲叩
乍見對岸燈火
朵朵綻放

二〇〇七年十月

媽媽——獻給母親

年輕的媽媽
捧著夢想的調色盤
一筆一畫，小心翼翼
描繪家的明亮輪廓
認真塗抹春蘭秋桂
芬芳香氣
再賣力擠出愛的顏料
畫出一道
飄滿歌聲的彩虹
掛在童年無憂的天空裡

後來啊！媽媽已中年
站成一座守候的山丘
在不斷造訪的夢境中
伸出扶持的雙手

擦乾載滿絕望的淚水
張開安慰的臂彎
擁抱被現實擊傷
遭流言射中
跌跌又撞撞
流浪的雲朵

現在的媽媽
化身慈悲的月亮
陪伴著童年的天空
掛在老家的窗口
白髮的媽媽是永不衰老的
月色，搖醒年少的歡笑與歌聲
在鋪滿未知的明日道路上
在頻頻回首的悲歡歲月裡
溫暖地照耀

二〇〇五年三月

結婚紀念日

一樣的早晨
你準時載女兒上學
帶回初醒的朝陽
沉默的飯桌上
聆聽報紙高聲喧嘩
穿插我例行的絮叨

一樣的黃昏
夕陽載著疲累的我和你
回到忠心等候的家
路上無可避免小小的牢騷
消失在一通恭賀電話裡
「恭禧！今天是你們二十週年
結婚紀念⋯」
喚醒兩對失憶的耳朵

不一樣的晚上
西餐廳緩緩流洩
老歌柔情似水的旋律
彷彿回到新婚的甜蜜
童話中新郎新娘
微笑守著月光的誓言
直到現實的鐘聲驚心敲醒……

隔天
我們依然上班又下班
各自踩踏生活超速的節奏
像許多平凡的夫妻
再共嚐一道道人生佳餚吧？
材料是鹹鹹汗水甜甜笑語
佐以詩的美感禪的智慧愛的溫暖
牽手走入夕陽餘暉
白髮吟唱的晚年

二〇〇四年十月

作者簡介

曾美玲，台灣省雲林縣人。一九六〇年生。國立台灣師範大學英語系畢業。現任教國立虎尾高中。曾獲師大新詩獎、童詩獎、全國優秀青年詩人獎、詩人彭邦楨紀念詩獎創作獎、中華民國詩歌藝術學會第九屆詩歌創作獎。葡萄園詩社同仁，新詩學會、詩歌藝術學會會員。著有詩集《船歌》、《囚禁的陽光》、《曾美玲中英短詩選》、《午後淡水紅樓小坐》。

子 青詩品

驀

列車交會
將心情撕裂在不同的象限
黃昏靜靜地躺在鐵軌
任方向把它帶遠

此刻無風也無雨
像極了原初的你
時間催促著人潮車流
只有孤立的影子
還有幾分被歲月洗練之後
佇留臉龐的殘笑

長長的一條路
再也聽不到幸福的呢喃
是年輕不再　還是
不再年輕的自己
把世界塑成了一球
冷冷的水晶
在透明之中相覷萬物
卻也在無稜的輪迴內
解構最後的一抹心情

白晝與黑夜
終將退隱在得失起伏的山巒
吶喊從此掀不起濤浪
剩下的自己就放在
下一班的列車交會的時刻
細説從頭

偈

夜還在呼吸
老時鐘卻已經計算著未來
不知道下一刻
世界和我的生命
又該裝扮成什麼模樣
在新的時空中活著

也許
就像才凋謝的美麗
企圖在另一個枝椏上
舉起陌生的蓓蕾
可能結不成正果
但堅持將機會綻放
以其淒絕的方式

星雲蛻變成了一朵玫瑰
盛開在天幕上與心相映
藍與黑的和解
唯有風懂得即時拈花
也知道向隱去的夜梢
揮手微笑

想你的雨

下雨了
在我轉身的時候

九月的天空
洗染成一片白練
恰似那已經離去
卻讓我思念的背影
忽現

甚久
雨中只有失憶的心情
伴雲淡淡地踅過
也隨風翩翩舞踴
而你
再也尋覓不著蹤跡
徒讓回首的夢
空留一身惆悵

雨停了
想你的平仄
還在詩句中徘徊
結局卻已寫成了一場無韻的
邂逅

南下列車

這一枝高鐵鑄造的響箭
以每小時二九五公里的速度
在隧道裡奔吼
在高架的軌道上
精準地送我回家

窗外的現代正與傳統跳著探戈
旋轉時以中庸的離心力
將我牽引在世界的邊緣
時明時暗是林是川
是貼在窗邊的暮風
闔眼時我懷疑
那是一場夢的解析
既真實卻又讓心跳忘記
正確的速度

南下列車彷彿是漫遊太空的衛星
我努力地尋找熟悉的山河
那個春花會對我傻笑的人間
利用阡陌舞著幾何的大地
夕照此刻也學會了貼在窗上
以隱約的笑臉
將我的眼神帶向海的那一邊
只為那即將消失的記憶
老牛在田畦賣力的模樣
稼夫推犁的神情

生命的衝突
終於在我的腦圃裡開花
再也不是彩虹的顏色
透明卻成了唯一的真相
當列車安靜地靠岸

我知道
這一個世界再也無法還原
從前那熟悉的人間光譜

作者簡介

張貴松，筆名子青，一九六五年生，高雄縣人，國立成功大學中文研究所文學碩士，目前任教於台南市聖功女中。已出版詩集《站在時間的年輪上》等三部，散文集《懷念的雲彩》一部。詩文合集《寂寞的魚》一部，論文《李魁賢詩研究》一部。

陽　荷詩品

海　岸

不要問我
是否孤獨
我的存在
原是為了等你靠岸
當我願將雙臂打開
最想　最想將你
輕擁入懷

日日夜夜
那無限延伸的
是我幽靜的愛
當思念漫過黑夜的海洋

讓海風問你
要流浪多久
才能來到鄉愁的彼岸

海天漫漫
站在時間的海岸
唯你　唯你是我唯一的
等待

牽　繫

離別後
父親的思念是默默的鄉愁
看看這片翠綠的茶園
就知道
每個晨昏與黑夜
他一定悄悄回來過
在這生命耘過的土地

輕撫著每一株栽種的記憶
親吻著每一寸與母親踩過的足印
離別後
母親的思念默默埋入耘作的土地
看看這片未曾荒蕪的茶園
就知道
無數的日曬與風雨
一畦畦　一片片
未曾鋤出一聲哀怨的嘆息
只把父親辛勤的步履
重新翻耕成生命最深的印記

離別後
故鄉的茶園
成了父母情感綿密的牽繫
天上的父親

把愛化作溫柔的月光
照在故鄉的土地
照在母親每一根斑白的髮隙
也照進她溫柔堅韌的心瓣裡

飛蛾

如果能這樣燃燒
為這生命最後的悸動
誰又能逃躲
閃動在黑夜裡的夢
被光亮點燃的
疼痛

儘管你會說
生命陷身之前
該遠離這美麗的誘惑
可我如果不燃燒

蒼白的生命又能遺留些什麼
藍色的夢在風中飄搖
孤寂的雙眼
將戳破思念的夜空

再也無法逃躲
這溫柔的疼痛
當我舉翅無悔撲向烈火
淚　與愛
在火焰中
蒸發成無言的歌

落　葉

當塵緣已盡
讓我俯身向前
選擇在最靠近你的地方落下
儘管這樣我仍會疼痛

可我可以諦聽你月光下的心事
可以盛接你風中灑落的淚珠
在深深的泥地裡
有比葉脈更深的思念
鐫刻

當生命必須墜落
抽離的痛
是深秋的傷口
如何安慰你
我要將碎裂的身軀
用心化成沙　揉成泥
再將前世的足音
留在每一粒風化的塵土裡
當你孤獨時　傾聽我
每個晨昏
為你滋養一生的新綠

作者簡介

陽荷，本名陳碧珠，一九六一年出生於台灣南投，臺灣師範大學國文系畢業、國研所結業，現任台中市立中學教師。

愛詩、愛畫、愛音樂的陽荷，是《秋水》詩刊同仁，也是「中華民國新詩學會」、「中國文藝協會」、「中國詩歌藝術學會」會員，參加過第二十三屆世界詩人大會，曾獲得二〇〇〇年「優秀青年詩人獎」、「台中市第六屆大墩文學獎」新詩類第二名，「南投縣第九屆玉山文學獎」新詩類第一名，「南投縣文學家作品集第十三輯」徵選入選。著有《陽荷短詩選》（中英對照，香港銀河出版社）、《靜夜獨釣》（南投文化局出版），作品發表於海內外各詩報，並被收錄在年度詩選輯中。

亞 媺詩品

獨 語

一種聲音好柔
在春風秋雨中盛開
一種思念好深
在天山，在絕世的
雪蓮身上閃爍
一種愛無言
像芬芳的滿天星
在心靈深處，藏一百年

相　思

一條心靈的河　是秋水
一座光耀的城　是故鄉
一陣挑詩過境　是春風
一輪共照九州　是明月
啊！滿山靜寂楓紅
朝夕讀它，數也數
不盡的相思

愛的詩歌

一

兩顆詩心面對
月光下凝思，無聲
的雪融化在遠方
風柔軟的穿過屋簷
門邊　詩正燃燒

兩朵梅擁住它的夢想

二

誰的柔情
誰的浪漫
一簾夢，剪斷
雲霧星光
看花開花謝
灕江山水美麗的傳説

三

無法忘懷與大自然有約
與你的歌聲交會
俯看睡蓮朵朵豐滿的色澤
愛的詩歌，正在
風的手中傳誦

詩人的眼睛

三隻眼睛，是
詩人的眼睛
是藍色也是紫色
墨綠亦粉黃
橘紅也是太陽紅

它七彩的色澤全是美麗光
哀愁的淚，水色靜寞
它是，孤獨的靈魂
它熱愛生命歌頌生命
它擁抱一切又失落一切
它的眼睛暗夜裡醒來
它的眼睛濁流中清澈

它是重重疊疊圈點又點圈

抽象的一種，出塵的眼睛

作者簡介

亞嬿，本名郭金鳳，一九四三年出生台灣宜蘭。曾應邀參加第十五屆世界詩人大會詩畫展，《聖然》雜誌主編，世界華人書畫藝術家聯合會名譽會長。

現任中國藝術協會理事、台灣省婦女寫作協會理事、中華國際文化藝術交流會理事、國立台中家商校友會常務理事兼執行主編等。

著作六本詩文集，一本中英文對照詩選及一本畫集。

傳略入編《古今中外散文詩新詩鑒賞辭典》等多部辭書，曾獲詩運獎、藝術金獎、文藝獎章等多項大獎，二〇〇一年曾獲美國科學院授予榮譽博士名銜。

亞嬿一生鍾情詩畫，並熱愛大自然，愛綠色的田園生活。以大自然爲師，常被大自然之美深深感動。

滌　雲詩品

秋夜五咏

螢火

秋夜，妳提著燈籠
在月光平鋪的田野
靜靜地來回穿巡
林花還沒開啓
只有溪的低吟
伴妳在橋的兩岸
等待星子輕輕落盡

飲酒

摘一束菊花，泡一壺醇酒
對著花，對著月

邀遠古詞人，趕夜的過客
隔著籬，或者面對著面
高高舉起，濃濃的夜色
大口大口的飲，痛快痛快的喊
醉倒了，與花月共眠

影子

月啊，看不清妳的面容
想像著妳是最美的女子
衣冠楚楚，正襟危坐
靜默是最深的交談
當黎明足音臨近
請別匆忙離去
短暫的夜，我們永遠長相左右

賞花

酒已十分，只是
醉與未濃，再舉杯
酌滿星，斟滿月

豪飲是今夜最佳寫意
歡樂幾希？歲月幾許
花終將落盡，今夜
把花影月影人影栽滿心懷

舞

酒意足，醉興濃
風乎雨乎！吹淋全身吧
我將褪去衣冠
花月交錯的影子裡
我是神仙般的舞者
天旋地轉，乾坤舞動
忘憂舞步，踩碎滿地驚嘆

隱題詩

——馮延己．酒泉子

芳香為誰瀰漫？天地之間

草原遼闊，無私地滋生
長滿幽谷，長滿沼澤
川流淙淙，潺唱著生命曲調
柳風輕拂，思緒徐徐踱步
映照在波濤盪漾的江水
危坐的人影，垂釣一片寂靜
橋頭守望的石獅，相互對視
橋上青石板，等待達達的馬蹄
下著細雨的遠山，濛濛地渲染雙眼
路途太遙遠？塵土曾飛揚嗎
歸期何時？遙遙無期嗎
鴻鵠展翅，潔白羽毛不是夢
飛向歸途，歸向心所嚮往的地方
行囊飽滿，全是鄉愁
人煙稀少的旅途，使你戰慄
去時茫茫，回時也茫茫
碧玉般的青草，綿延圃園

山林清淨，阻絕塵世喧嘩
邊界小屋，每扇窗都迎向星光
風滿樓台，穿遍闌干
微服出巡，卻成無期遠遊
煙塵沾染不安的歸心
澹泊名利，只能沿途吟 咏詩歌
雨勢已延伸到你的歸途
瀟瀟風雨，歸途不再是塵煙
然而，你的歸程是否將因此被羈絆呢
隔山隔水，依然吟聲朗朗
岸石上，曾鐫刻相見的暗記
馬蹄此時是否已疾疾而行了呢
嘶鳴聲能懾服不安的心嗎
何時可以聽聞久違的叩門
處處是險境，步履須平穩
九彎十八轉的山路，你會繞過
迴旋曲折的山峰，你能超越

腸飢口乾，你可以忍受
雙腳未曾停歇，只為行程
臉頰積滿塵垢，不必急著清洗
淚水堵住眼眶，那是欣悅的表態
夕日將臨，歸途已到盡頭
陽光，就在黎明之後燦然開放
天地之間，花草的芳香不斷地散發

台西觀海

站立觀海亭，海水
就在腳下，來回湧動
竹筏靜靜被錨繫住
思考魚群遠去的游蹤
誰是那採貝人
貝殼遺落灘岸
冷漠的望著天空
浮出海面的人工陸地

亂石堆積？飛鳥在何方
煙霧迷濛處
高聳的煙囪噴吐灰塵
沾染著飄泊白雲
鹹濕海風輕拂衣襟
我不是漁夫
沒有航行的船
我在等待，讓潮水
自腳底浸滿胸膛
然後，摘一片浪濤
伴隨夕陽歸去

作者簡介

滌雲，本名吳龍杉，一九六二年生於雲林麥寮，現服務於麥寮郵局。中國詩歌藝術學會和中華民國新詩學會會員。獲一九九三年優秀青年詩人獎。作品選入《一九九七台灣文學選》等多種選集。出版詩集《夢者一九九七》。創作二十年，得詩千首，個人第二本詩選集《小調低唱》已於二〇〇九年五月由詩藝文出版社出版。

陳欣心詩品

心境

用詩心觀天地
天寬地闊好山水
我看花，花自芬芳
我見樹，樹自婆娑
我臨境，境自去來
我瀏海，海自浩瀚
我撫心，心自如如

以彩筆寫人生
喜怒哀樂的情感
悲歡離合的場景

寫盡人間的情事
歲月更迭滄海桑田
依舊揮筆不停歇

芸芸眾生何其紛擾
滾滾紅塵熙來攘往
心靈之境不若塵埃
唯開闊心胸包容
珍惜歲月感恩人
心情沉靜不迷失
自在人生樂活過

午夜思懷

午夜醒來
時間靜謐在萬籟中
寂靜是唯一的伴侶
如常淒清

往事已矣
漸行漸遠的過往
在逝去的歲月中
如煙縹緲
似水迷茫

回憶是今夜裡
唯一的清明
年少時的歡笑喜樂
綴滿燦麗的青春
曾是生命中閃亮的年華
浮生若夢
夢已遠
難追尋
點滴的追憶
成了永恆珍貴的
思念

砧板

雖然單薄的身軀
卻有強韌的意志
用心承接
每刀鋒利的切割
甘心忍受
刀痕無情的凌遲
只願完成豐盛佳餚
彩繪亮麗的拼盤
滿足留香的美味

母心似砧板
生活中點點滴滴
兒女的叛逆違心
沉重的繁瑣負擔
歲月的歡樂哀愁

宛如一刀刀的鋒口
切鍘在母親的心板上
母心啊！
忍負千瘡百孔的創痕
烙印心裡
隱忍痛楚
仍甘心守候
兒女的快樂歡顏
一家的和樂安祥

習畫記

一枝鉛筆
一本畫簿
一雙銳利的眼睛
一顆專注的信心
凝視著目標的靜物
試量著遠近的比例

捕捉心目中的形象
探索靈感裡的深淵

沒有鮮麗的色彩
沒有複雜的背景
只以輕描淡寫繪畫
敏捷的觀察力

迅速揮動著畫筆
刻劃出樸實的輪廓
描繪出有力的線條
完成一幅生動的素描圖

在靜靜的畫室裡
流洩輕柔的音樂
融合一顆顆的愛心
耕耘出一幅幅的畫
畫出人間至純的
　　真善美

雨景

細雨紛飛
落在屋瓦上
窸窸窣窣
落在枝椏上
彷如吊掛的珍珠
晶瑩剔透
遠山近樹的景物
氤氤氳氳的煙嵐
如一幅意境悠遠的
潑墨畫

雨後初霽
風聲輕輕吹拂
青翠的枝葉
嬌艷的花朵

潺潺溪水清流
嫵媚青山含黛
雨至滌心塵
風來除身垢
與清風對話
和山雨酬唱
身心澄靜明淨
是人生一大幸福

作者簡介

陳欣心，本名陳毓美，福建省晉江縣泉州人，曾任國民小學教師。中國文藝協會、中華民國新詩學會、台南市文藝寫作協會會員。一九八五年獲優秀青年詩人獎，一九九九年獲婦女工作會徵文比賽教師組佳作，二〇〇〇年獲文化工作績優獎。著有《夜盡天明》、《詩情芬芳》、《陳欣心短詩選》等詩集，《讓我自在上學》小品文等。

胡爾泰詩品

馬王堆的女人

抖掉歷史的塵埃
告別廣寒寂寞的星空
我披著兩千年的皮
捎來宇宙的消息
重新回到人間取暖

時間已停格
青春也沒有褪掉多少色
昇仙的夢卻如彩陶一般破碎了
帛書皸裂　雞犬都成了化石
既聽不到龍吟鳳鳴

也聽不到環珮響屐的聲音

看不到侯爺了
那一生鍾愛我的侯爺
周遭的臉孔是那麼陌生
手無禮地指指點點
嘴角不斷抽搐著
（我的假髮還在嗎我的羽衣入時嗎）

夢從時間醒來
血在空間冷卻
我的心不再忐忑不再澎湃
而我凸出不死的眼球依然游移
在亙古的迴光和惘然的搜尋當中

二〇〇八年八月觀利氏於湖南博物館歸來作

蟬之死

嘶喊了一整個夏天
終於壽終正寢
沒有哀樂沒有告別式
也沒有送葬的隊伍
只是不斷受到烈日的炙烤
蜷曲的身子更加僵硬
無法發出聲音更無法飛往天國了

喚醒春天的企圖終究是枉然
叱走秋氣的夢想畢竟也無法實現
成住壞空是必然的
堅強是美德也是惡德

但是
在過去的幾個月

天空更藍樹林更綠
山澗溪流更加灑脱更加活潑

也許生命的意義真的不在於長度
而在於力度與頻寬

二〇〇八年八月寫於台北

米勒的麥穗

八月的天空是幾朵微雲
微雲下面是新收割的麥田
麥田上是莊稼漢麥草堆
和三個彎著腰的農婦
農婦一手拿著金黃的麥稈
一手撿拾掉在土地上的穗粒

巴比松恬靜的秋原
盡是黃澄澄的一片

加上些許的紅些許的藍與綠
也許還有白色的汗水滴入土中
但是沒有黑色的聒噪撕裂天空
黃昏的農事　是一齣沈靜的交響樂劇

也許晚禱時分
會有一大群烏鴉來覓拾
大地之子遺失在麥田裡的
穗粒吧

二〇〇八年仲秋寫於米勒畫展之後

冬狩

秋獮剛過的十月
是狩獵連連的季節嗎
還是獸類交歡的季節
公的與母的交歡

唾液與酒精交歡
馬嘶與狺語交歡
犬牙交錯的拒馬是唯一的掩體
掩體內外是兩種不同的激情

獵者強行縮小包圍圈
石頭如冬天的冰雹一般落在巢穴
狂犬的吶喊催升了高潮
獵者和獸類最後都頹然倒地

突圍是必然的
流血是必然的
師出無名的冬狩終究一無所獲
除了飢渴的大地飲喝了熾熱的鮮血

沮喪的獵者
或許期盼另一個狩獵的好時機吧

二〇〇八年十一月寫於台北

野草莓的冬天

一株株的野草莓
從冰冷的雪地冒出頭
在廣場上吶喊
在寒風中顫抖
只為了等待春天降臨藍天點頭

（孩子啊　請你看看我
我一頭飛揚的髮茨
就像二十年前怒放的野百合
野百合遍地開花　我已滿頭白髮）

不　我不能妥協
我要堅持我的訴求我的主張
青春和時間都站在我這邊

（孩子啊　請你了解我的苦衷
因為我無法拼湊謊言
風霜已削平了我的稜角
狂波已沖皺了我的皮膚）

不　我不能鄉愿
我要他們給個說法
我要他們從雲端下來
我要把一切的不義掃進歷史的塵埃

（孩子啊　如果可能的話請你原諒我
因為我無法陪你靜坐
因為我無法忍受刺骨的寒風
但是如果你冷了餓了累了　就及早回家吧
冬天畢竟不是野草莓開花結果的季節）

廣場上野草莓的吶喊

逐漸淡入呼嘯而過的風寒

二〇〇八年十一月寫於台北

作者簡介

胡爾泰，本名胡其德，一九五一年生於台灣台南。一九九〇年，於師大取得文學博士學位，目前任教於清雲科技大學。曾出版三本詩集：《翡冷翠的秋晨》、《香格里拉》、《白日集》。

詩人主張：詩情勝於理，以隱微爲貴。詩的內容與形式一致，無所謂孰先孰後的問題。詩人好以象徵、隱喻、反諷的手法寫詩，也擅長意象的營造。

路痕詩品

花雨

如是我聞
一種聲音起自內裡
死寂的蟬之林

不風不浪不熄不燃的
我伏在我的屍身上哭泣
蟬之林的死寂
無我相無眾生相無壽者相
覺　有情

因此的我
羅漢於人世

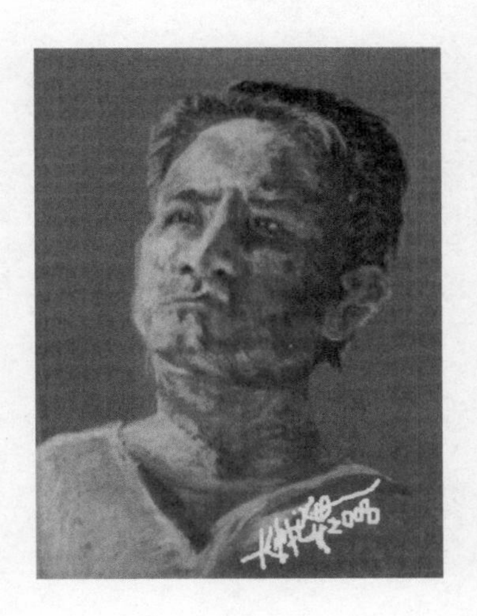

是一種償還？
亦或渡那不渡之舟
起那無塵之起
我伏在虛無的有情上痛哭
臥那沉淪之臥

如是我聞
有一種死寂起自美聲
蟬蛻我的無明
於是我回初天
閉不了六識六覺的，終究
跌在三十三階之下
酸苦地等，那
紛
　紛
　　飄墜的
花雨

窗

看出去
遠遠近近濁濁清清
有花好有月圓
有走狗奴才馬不知臉長
有猛馬蕩婦小廝大將
有個人
是自己嗎？在其間嘶吼飄蕩如游魂

看出去
山是山海是海溪流從不會回頭
水是水火是火眼波總是愛橫豎地洶湧
好多人被官淹死好多人被狗啃食
良心被錢活埋血液被愚蠢吸乾
有個人
蹲在無奈的巨輪底下

等悲慘

看出去
人性都成為大嘴怪獸
景物都不忍心發抖亂竄
想出去
跳不出這框又被抓進來
有個人
沒有腳沒有身體沒有膽量
只有觀望
有個人
沒有靈魂沒有肉體沒有思想
只有窗
有個人看著亂七糟八的户外
只能在視窗裡寫著無聊的新聞
有個人以為有個屋有個窗有個虛擬世界和會說話的手指頭

其實只是
心
在眼皮裡
受傷

狼來了

赫赫
我屬狼
第十一點五的生肖
狗的忠誠，假相
虎的獠牙，隱藏
牛的倔強，堅持不放！

赫赫
狼是我
狠被我拔走犄角
良心被狗吃掉

喜歡在花好時踐踏
月圓時咆哮

赫赫
大犬座小犬座都沒我光亮
冬夜裡唯我囂張
雙子座處女座巨蟹座天秤座天蠍座
都擠在天上一角
發～～～抖

我屬狼
有鷹的高瞻獅的霸氣
還有馬的…咳，它娘
因為
赫赫赫赫）））
我

鼠狼
（啊～～～嗚嗚嗚嗚～～～～～～怕了吧！‧嗯？）

在你睡著的時候

在你睡著的時候
喜歡點起一盞小燈
有點昏黃的那種
當夜靜靜撫平妳的倦容
我正默默走進你的溫柔

沒有比妳的黛眉更誘人的
我划著兩條槳，在妳的髮中漫溯
寸寸推敲著妳的夢境…

鼻是一座絕美的宮殿
引我朝聖了千萬遍仍不厭倦

櫻唇像一尾調皮的魚
即使睡夢中仍不停在與我的慾望嬉戲
妳那豐腴的耳垂
厚厚掛著兩塊「幸福」

不敢將妳擾醒
怕妳睜開明媚的眼睛
勾引我的獸性⋯
不敢驚動妳的深情
怕妳忽然噘起嘴追問
我愛妳有多深？

神木吟

雨來，洗煉塵埃
風來，心幡盪揚
說我無愛如若　空谷一嘯
閱我情真總在　珠露宇寰

不移的腳已深入這土
這地這人情這歲庚　這造次

瞰大地綠榮黃枯
掬水湄鏡映波斜
且在年輪刻劃驕沮寒曙
把青春的蟲噬鶯語一肩承受

日下月昇倚望莫有
新萌衰凋痛癢干何？
不和江虹論長短
休與魚雁較自由
將我橫截？我自圓滿
把我立剖亦能承擔

我拽，不為蜂
我發，心無蝶

枯了不曾想抓雲
勃長未必能攀天
活了崢嶸死了腐朽
躺水能桴善
引火能焚惡
餵蟲蟻得足飽築廟堂當崑崙

青燈鐘磬自在我胸中
盤石於山之巔
迎雷於海之涯
我就是我
天為幕地為床
氣為四季
勢為丹青

一管不可匹敵的
寫雲狼毫

作者簡介

路痕，本名李茂坤，一九六三年生於嘉義市，現爲自由創作人，以筆名路痕寫詩，出過《餘光盅》…等四本詩集；以陸恆筆名寫科幻小說出過《種子》…等七本，另有一本情慾小說集《說不出口的故事》與艾姬合著。存有書稿五冊，仍持續創作中。

曾獲北京社科院第一屆詩優秀作品獎、桃城文藝、優秀青年詩人、葡萄園詩刊四十週年詩創作獎…等，詩作選入國中國文詩參考教材，並入選多種詩選集。二〇〇三年獲選入「庶民文學與作家文學數位化保存計劃」，接受地方作家專訪，資料列入台灣作家文史資產保存。

鍾　金詩品

中學聽法

（一）笑，是一種罪惡

整整三年　只為了
不准笑
連天空的顏色是藍是陰霾
亦不准抬頭

學校說：笑，是一種罪惡
家長說：沒有抬頭的必要
師長說：乖乖的低頭寫試卷吧

然而　體內沸騰的
他們說：那是蛇的誘惑

必須即時踩死

日日夜夜
被踩得淹淹一息
醫生說：那是國三症

日日夜夜
繫於整個社會的
國三症

就這樣過了三年
在最後臨別的一刻　突然說
「那一刻，真美」（註）
不可說　不可說

註：「那一刻，眞美」是九十七年第二次基測，國文作文題目。

（二）空與無

像神愛世人一樣
零分上大學
如今竟成為媒體寵兒
真是一場誇張的
意外

每天都在跟豬打仗
澈底擊中心臟
碎了
碎了十年的憂鬱

如今這媒體的光環
竟如此的耀眼奪目
像土石流

零分

到底是空，還是無
或在空與無之間
留給哲學家去辯爭罷

這零分所展現的是
如此的壞
如此的傲
如此的狂
如此的放浪不羈

也許甚麼都不是
然而，卻如此的撞擊百年大計

（三）法

有誰聽清楚了佛陀的法喜
迦葉或慧能

二〇〇八年八月十五日

神化故事

這世界，人人都在尋覓
一種自身的夢境

嬰兒尋找媽媽的奶頭
狂飆的少年尋找刺激的快感

孤兒等待命運的奇蹟
流浪漢等待瘋狂旋風

愛情須要高潮
政治須要手腕

孤單寂寞的老人　想抓住
春天

垂死之人　祈求上帝的
特效藥
那尚未降世的呢　盼望一種
神化的故事

老校長

——記精誠高中曾勘仁校長榮退

二〇〇八年七月十日

從那隻石猴開始
白雲在天空綠草在大地
笑聲在教室裡溫柔
一一就緒從未改變
唯一改變的是一則神話
頑石點頭

那隻冥頑不靈的石猴在——讀冊
而創造了一個多元舞台

而你總是讓陽光雕琢你的影子
在校門口在升旗台在師生的眼眸裡
展現春風
點燃一個個的夢

然後離開
宛如什麼也無
就算任何的喝采
也不如師生的笑語動人

後記：石猴讀書，爲曾校長到校之後所立，象徵「勢讀冊」。

二〇〇八年一月十六日凌晨

作者簡介

鍾金，本名楊火金，生於一九五九年，臺灣省彰化縣人，任高中教職，曾獲彰師大文學新詩首獎，全國優秀青年詩人獎，著有詩集《楊火金短詩選》，目前爲《葡萄園》詩社同仁。

王詔觀詩品

蓮池潭

是誰拋下這餌
引來愛詩的釣客

對偶的雙塔
以爭執的影子撥弄湖的琴弦
羞怯的蓮與愛笑的雲
攤開一池深情的對話

小橋蜿蜒成一首律詩
風悠閒地押韻
暮色溶入天地的酒瓶

釀成星星的童話
盞盞燭焰
在夢境中喧嘩
夜色信手翻閱　泛紅的
古典小說

西灣夕照

一

一顆金橘
滑入天地的蚌殼
打翻暮色酒瓶
沙灘七分微醺
一醰酡紅
暈染西子的額
烙印一天絢麗的吻痕

二

黃昏剪了一塊布
繡上幾朵雲的捧花
山的胸襟也別上一枚晚霞
嬌羞的西子
緩緩步向
天空的禮堂
穿戴一生夢寐的金紗

熹微澄湖

晨霧
像一群早朝詩人
在大地丹田
吐納文字

一方硯研磨湖光煙嵐
暈染綠色苔萱

樹影伸進濃密思維
一缽空靈濺起蟲嘶鳥鳴

白色冷泉惺忪
氤氳水墨蜿蜒
亭台樓閣披上羅衾架裟
靜靜禪坐

陽光腳步遲疑
怕一縷金線
鉤破
隱隱約約
難以參透的
一抹含蓄

早餐的約會

包子

捧暖暖的早晨
熱呼呼的寒冬
掌中的厚繭
一寸寸
被生命的熱情
融化

飽滿的白皮膚
滲出幾滴汗珠
經過漫長的蒸煨
只等匆匆趕路的人生
買下
一顆顆熱騰的希望

蒸餃

表情任憑拿捏
葷葷素素
全藏在柔軟的心房
無懼塵世滾燙的漩渦

人生苦短
需要一口一口咀嚼
才能體會
酸甜苦辣的各種滋味

油條

以為愛可以如此貼近的兩行詩句
擠在夢的被窩
卻被一個無法摧毀的謠言
緊緊糾纏

在油膩的床
裹上流金浮銀的錦緞
當慾望開始暴跳如雷
把思考炸成空殼
命運也越來越脆弱
甚至發黃老去

燒餅

在字裡行間
撒下一些光明的曙色
前路縱有風霜
薄薄的意志
也能烤出一些金黃

豆漿

自黑夜的窗口
流進來的乳白溫泉

把體內幽閉的孔竅
都鬆開了

我端起一碗
濃、熱、滿的晨光
淺酌低嚐

粉筆

蒼白的意念
停在綠色跑道
想像御風飛行

遊走莊嚴的殿堂
足跡踏遍
浩瀚學海
思想阡陌

穿越道貌岸然的鴻溝
知識的黑色叢林
賣力地飛旋，降落
於歧義眼神中
尋找完美立足點

耕耘蠻荒沼澤
雙頰緋雲漸漸憔悴
無數肌膚毛髮
斑駁脱落
真理化身寸寸剝離

歲月一截一截卑微
驀見兩鬢秋霜
大雪嘩然崩落
層層覆蓋
一字一句的血淚

作者簡介

王詔觀，女，生於一九六七年四月十一日。畢業於高雄女中、高雄師大國文系暨夜間國研所四十學分班，政大暑期輔導（含國高中）四十二學分班、高師大特教研究所碩士班二年級。

民國八十五年獲台灣新聞報社頒贈最佳詩人獎。八十六年獲高雄市國語文競賽中學教師組作文第一名，台灣區語文競賽中學教師作文第二名。八十六年出版詩集《花燭》並獲中華民國新詩學會頒贈「優秀青年詩人獎」。八十九年出版中英文短詩選（香港出版），並獲高雄廣播電台邀請錄音，與其他著名詩人合輯成《海與風的對話》一書。九十年詩作「稿紙」第二次全國國中基本學力測驗考題。九十年詩作〈汐〉於九十年獲台北市文化局邀請製作台北文學季公車詩文海報，張貼於台北市公車做為海洋文學的宣導。九十三年獲高雄市鄉土語文競賽佳作。九十五年詩作〈稿紙〉編入翰林國中國文課本第一冊習作題目。九十六獲白陽大道教育基金會與青年日報聯合舉辦之第六屆全國徵文比賽獲社會組散文優選。

薛　雲詩品

傳媒記事

看見作山鬼模樣的女子
從徐悲鴻之畫中走來
是的　披散之長髮裸女山鬼
騎著穿衣的虎與豹
聽說　他們在玩三P

祇是徐悲鴻的山鬼
在樹林間游走
而現今之山鬼們
卻是於賓館內作嬉戲
它們在試探時代開放的尺度

九十八年春日

懷念

又見煙雨濛濛
好似不食人間煙火
遊走於草原
談論：愛倫坡之黑貓、
　　梵谷以及老人與海

如果可以
如果可以　然而
沒有可以之端倪
回顧青春　祇作鳥輕飛
　　如繁花落盡

濛濛煙雨中
妳我悠遊的草原
那天際間的白雲畫布裡

還浮動著我們的夢想
而今　妳在哪裡？

再一次

當收割之後，我想
倚靠著田埂
晒著暖暖的陽光
那種溫馨之感覺
好像可以接近上帝
心靈會有飽足的自信
人生將不是滄桑
生命也不會有痛
可以聽見，有風
吹拂竹林的聲響
而我想，再一次和你
尋找消失的茶園

九十八年春日

沿著小路順著溪流
去編織一頂蔓藤花環
漫無目的的
祇隨風的腳步走過

九十八年春日

秋日的餐桌上

秋日的早晨
有一大包冰湯筍
在餐桌上
兩大片鮪魚在冰箱裡；
百思不解，它之來處
溫馨如落英
紛飛滿室；下了樓
方知小弟來過，轉送父親的愛
幼時，母親刺耳之戲言又響起

有朝嫁人，莫忘了
要燉豬腳孝敬老爸
就疼妳（花在身上的
醫藥費，堆起來比身高還高
幾歲了，還揹在身上
遍訪名醫，兩隻草螟仔腳
長長的在背後搖盪）

上個月回南部，才說筍仔甜
那是父親前年才種下的新篁
今日即割採北送，此沉沉佳餚
試想著老父（年幼失母
少年失父，中年喪偶
又放飛長大後的兒女；
二十五年來，堅守孤單
子女返家，祇是蜻蜓點水……）

您遺憾！一生少許成就都化作泡影
曾經，讀書年代之優等生
職場上之模範員工
生活中的智慧王
唯獨以優秀、智慧、才華橫溢
才可形容父親的人格特質
父親啊莫怨時空轉換了命運
您是女兒心中永恆的驕傲

當下，異想天開
有著貪婪的念頭
假想自己可以一夕致富
像大弟般築一幢別墅
給父親住；但我祇求擁有
一種能力，將父親帶在身旁
每一日可以快樂地
共享餐桌上的美食

九十六年秋日

夜思碧儀姐

曾經，多麼想
送一束花給病中的妳
有人說：妳正與死神拔河
　　不可打擾加累
而今唯有痛惜
病魔奪走感性可愛的妳

心疼妳，似春泥裡
被踩踏的花朵
難忘記妳親切之笑容
再也無法與妳閒話家常
而妳也是，依依難捨作別
我們祇能承受這種無常

今夜，我輕拈杏花如雪花飄飛

當作是我，對妳深深的思念

九十八年春日

作者簡介

薛雲，本名薛美雲，一九五三年生於高雄茄萣鄉海邊，空中大學人文學系畢業。自少女時期接觸西方文學、繪畫和詩的研究；直到結婚從事十餘年彩繪工作，而間接開始研習山水與花鳥國畫。

寫詩近二十年，未刻意去營求，已出版《薛雲短詩選》一冊。中國詩歌藝術學會會員、墨原畫會會員。曾從朱沉冬先生學新詩，從國畫大師牟崇松教授學山水，今隨花鳥名家楊增棠先生研習。

曾於國父紀念館、國軍文藝中心、台北市議會、廣西玉林嘯雲軒等地方，參加數次的國畫聯展。

詹燕山詩品

思即在

不要說人走了
夕日就沒了

當你哀傷的手
揮灑著親蜜的骨灰
一一的落在我出生的小河上
我會沿著粼粼的水紋
進入大海　進入星河

而小河似母親的臍帶

而大海似母親的子宮
而來世的新生命就孕育在星河裡

而當夜晚悄悄地來臨
當你甜甜的入夢
我會像藍天的星子們一樣
在你的心空上　閃爍著
細說你成長的故事

然而，你
不必等到清明時節，才
站在我的墓前哀思
只要隨地裡，一憶念
我就活了起來
逍遙地會你，在你的心田

卸粧

當我
跪了下來
才看清這世界的真相

白天
那俊美的臉龐
那婀娜多姿的身材
穿梭在你我之間忙碌
原來是那麼的假

夜晚
卸下了臉龐
脱下了一襲身肉
剩下的　只是
一身的骷髏

趁著天未亮
趁著返家前
一併地將這些道具
藏入土裡　或一把火
燒了　這樣子才不會
嚇著所有的人

當夜
尚未來臨之前
你不要膝腿跪下
那將會讓你更傷心
原來自己所追求的
是那麼的假

豪雨

在投開票所門口
我們相逢
我們互賀
沒有成為淹水的受災户
在投開票所門外
我們揮手
我們匆離
鄰舍的災黎需要援救

老鷹

在巨雕的白衣觀音的頭頂上佇立且
凝視下方來往基隆港的船隻
在汽雷的長鳴　我振翅的衝下橫飛
貼著海面　在汽艇的白花前　直飛縱上

在海域的領空上盤旋展翅著
我　就是大海的意志
眼　見巨雕的觀音　是
這樣的渺小　渺小得像是
海面掀起的小碎花

雨

前些日子
妳還在說
下輩子　我還要嫁你

我沉思
下輩子……

昨夜
雨來了又猛又大
清晨

河裡的垃圾汙穢都沒了
我告訴妳
我確定了
下輩我要當　雨

作者簡介

詹燕山，葡萄園詩刊同仁，歷任基隆市政府建設局及交通旅遊局工程課。闢建及維護山區道路及擴建漁港。因喜愛詩歌，閒暇之時偶而提筆寫詩並投稿於報章雜誌。

映彤詩品

一束纖影秋光

再也沒有誰能替你
把悲傷燃成漫山的秋光
把塵色織成如雲的荒涼

愈是熾烈愈是淡蕩
愈是光耀愈是隱藏
飄浮在蔚藍之外的空曠
飄浮在黝黑之上的悠長

你是一束光
瘦成斜陽的纖影

在風裡吹著蒼茫

秋思殘簡

風信

你來了，落葉跟著
吹皺掌心未乾的心事
以最自然的節奏
錯落悲喜之間
斑駁，一瓣秋光的
誓言

畫意

春山，勾勒水的淡蕩
秋水，渲染山的緜長
墨色，蘸上歲月的塵煙
灞陵傷別，對話

一枝折柳的荒冷

戀

習慣在泛黃的日記裡
搜尋：一場春雪的烙印
或許，還能找到去年秋季
殘留的花影……
拚湊一朵玫瑰的記憶

九月

後來的秋天，再回不到起點
彩虹被遠方的雲，沖淡了顏色
也許愛情，從不適應等待
穿越時空的線，忽隱忽現
藏在滄桑裡春天，染上一片秋艷
年年浮沉在你的眉宇之間

晚霞滿天，獨留我一人沉吟
長亭別後，而你
會不會記得那個秋天
我躑躅在暮色裡的牽念

一牆磚色的光影

歲月　鏤空
牆裡的光影
掩映小院
古老的杏花煙雨
和一個紅底金字的夢境
夢裡獨上高樓

人杳　樓空
臨摹著牆外天涯
草色斑駁
畢竟思念在長長的巷底

堆疊著過客
來了又遠走的痕跡

回首 時空
暈染磚色的花蔭
總在掬不盡滄桑的海角
潺湲小溪 凋零
一方千山之外的曾經

曉園之歌

掬起一池雲影
蒼染大屯山下
青春無怨的飛揚
琴聲流淌
小橋天光
漾滿綠崗春曉

二〇〇八年八月二十一日

那些淚裡的歡笑
早已倦成杜鵑斜陽
淡描一抹煙霞
輕寫淡水河畔
純真無邪的時光
紅亭碧波
暮色泱泱
且聽弦歌初唱
歲月未曾留白
迴旋天涯
一首不老的詩歌

二〇〇八年六月二十六日

無怨的青春

是誰洒了一地的輕笑
滲滿玫瑰花香
是誰爬上天邊

點亮星子般的眸光
晚風在我窗前歌唱
記憶每個晚上
寫在日記裡的月亮
藏著思念的淚光
戳記一枚夢想
寄給浮雲滄桑

作者簡介

映彤，本名李再儀，興趣廣泛，尤其喜愛寫作，二〇〇五年開始在網路上寫詩；詩作發表於《葡萄園詩刊》、自在詩友會、二〇〇七精選集、人間福報等。

詩是心靈的翅膀，而愛詩、讀詩、寫詩爲我今生無悔的追求。

狼 跋詩品

雙面繡

慢慢地　一針一線
繡出
非洲動物中國水墨皇室龍袍西方油畫
針針入繡　絲絲飛揚
締造
驚奇的刺繡
天堂
是蘇繡
古典優雅
是湘繡

瀟灑奔放
一圖一案　巧奪天工
還有那
蜀繡再加粵繡　中國四大名繡
單面雙面　絲絲入扣
嘆為觀止

雙面繡出雙世界　突破刺繡高難度
此面本是越溪女　素衣綠裳清純秀
轉看已為吳宮妃　蛾眉輕蹙燭映紅
透明薄綃巧工藝　上山虎嘯震群峰
翻面幻化下山獅　松風竹影來相送
依畫而繡　繡中描詩　敘說「綠肥紅瘦」
閨中佳人問春訊　牆外花草扶影疏
丫鬟望向窗外復回轉　雙面繡來奪首冠
九龍飛騰蓋天地　雲霧翻滾耀九州

蟠桃壽帶春意足　富饒喜氣添年味
巧手繡出無限情　詩畫天地掌中控
骨針竹針網針加染色
雙面異繡讚不停　精微繡品見功夫
造就

絲情畫意——

註：1.九十五年二月前往國父紀念館看「絲情畫意」刺繡展，展品中之雙面繡令人嘆爲觀止，因而有感而發。
2.雙面繡中有一幅是依李清照的「如夢令」而設計成的圖案，該詞爲：「昨夜雨疏風驟，濃睡不消殘酒。試問捲簾人，卻道海棠依舊。知否？知否？應是綠肥紅瘦。」該繡品，只見丫鬟的上半身似是有點透明，而她那一部分是可旋轉的，因此可呈現四種畫面，故該件曾榮獲冠軍。

電影女孩

・此詩爲紀念我的已故導演朋友鄭文惠小姐而作，她於民國九十六年底因車禍過逝，願以此詩獻給她。

翻開時空筆記
我們相識在劇本裡
編劇　導演
夜風不知趣　吹起一陣旋風
紙張　飄落滿地
　　你走出我的劇本
卻走進我的生活

歡笑　懷疑　坦然
友情像風又像雨
師大路的巷子大安路的夜燈樂利路的海鮮快炒
寫滿你我的足跡
不管周遭的陰晴冷熱

在你我四周流轉
也改變不了你我的
夢
「開麥啦！」
是你喊的
因為你是導演
你的夢想
一幕一幕
浮現
「我想要一個朋友」、「流光之戀」、「第三日」（註）
字幕
漂浮在時空裡
觀眾沒看到　因為
幕已
卡住——
跳　笑　舞　電影女孩

在我生活中
毫無忌憚肆意叛逆任性
只想圓
　一個夢
　　一個電影夢
在風中　在雲裡
在旅遊的途中
沒告別
　祝
旅途愉快永遠快樂
無聲
　幕
　　從未開啓
導演椅
　已無人——————

註：「我想要一個朋友」、「流光之戀」、「第三日」等劇名，皆爲鄭文惠生前自己創作的劇本名稱。

玉瀾恨

・二〇〇六年夏天，遊頤和園之玉瀾宮，思憶光緒皇帝當年囚禁於彼十年，而無法治理國家，憾未能當一明君。遊園睹景，爲他悲嘆，而隨筆寫就此詩。

鳳舞龍翔　情濃意蜜
歡笑蕩宮闈
幾時　回眸一笑千古恨
夜闌靜　心波動　斜影孤映月
度十春
是離愁　悲歌未遠
是情緣　蝶影雙雙
　　　　如今成空幻
長淚眼
　癡心戀　夢一場
多少壯志葬湖底

奈何天——

問紅顏　為誰鎖清秋
哀離雁　春歸啼未休
醉明月　輕嘆伊何處
歲　悠　悠——

作者簡介

游秀治，筆名狼跋，淡江大學中文系畢，曾在出版社任編輯助理、屏東「勝利之家」的特教老師，現於行政院新聞局任職。曾參加八十三年高雄市政府舉辦之「愛河尋夢」徵文比賽，並獲優等獎。爲「中國詩歌藝術學會」會員，及「黎明詩社」之社員。譯有〈台北新貌〉、〈聽〉、〈台灣的夜市〉、〈初雪〉等詩，及著有「漫談三國演義」、「南半球的一顆珍珠—紐西蘭紀行」等文章，並分別刊登於中華日報、青年日報、自由時報等報社；也曾爲橋窗傳播有限公司寫劇本、翡翠雜誌寫專題報導。

司馬青山詩品

大斷層之歌

聳峙於巍峨的天際，雲霧迷濛，
壁立於深邃的海底，波濤洶湧，
海浪衝擊著，不分晝夜，夾混著空氣的爆炸，
海潮呼嘯著，如雷聲吼號，衝擊前進，
宇宙偉大的生命力於茲顯現。
蒼天以閴靜的眼光遠遠照臨，
星辰寥落，億萬神祇，惶惶欲去，
大斷層岩巉峭，面目槁黑，他如此喃喃而語——
我來自燃燒的地心，曾挾憤怒的火燄岩漿
吼號而至，
我來自海底的沉積，以無比的堅毅向廣闊的

穹窿冉冉升起。
千萬年的騰舉，千萬年的盤踞，挺立而雄峙。
我的存在記錄地史的年代
我的形象表現自然創造的瑰奇，
我是地球形骸的一部份，
面目未經斧鑿改換，
但在宇宙的大樂章中，我只被安置於
一小節的旋律裡，
歲月悠悠，我曾載過什麼？擔負過什麼？
萬物曾以我養育的溫床，於茲生長，於茲死亡！
太初，海洋猶昇釜沸騰，動盪咆哮，
啊！我當時的面目如何，而今尚可依稀追憶—
欑簇的峰頂，裸露的岩身，形貌崢嶸，光暴淒厲，
混沌未闢，有生的倫類尚未滋長繁殖！
記不起何時，因緣化合的菌藻，開始了
生死的流衍？
寒武紀了，海綿曾攀緣著我，建築著礁石，

蟲介、鰭魚，陞擢在進化的階梯之上，海蠍、肺魚，
向我投降。
肥碩的兩棲者曾以饕餮而君臨大地，
凶暴的恐龍也曾在此稱雄爭霸，吼嘶鏖戰，
古森林一代又一代披附著我，蓄我以鬚髮與毫毛。
如今百靈怪獸已遠逝，
千萬年的鎮壓，擔負地球的均衡，維繫著
生物的演進。
橫壓力凌厲擠迫，已使我節理傾斜，
無量張力的擴展，便使我骨骸動搖，
我的肢體的大部份被剝蝕，
斷裂的部分離我而去沉身海底，
閱盡了天道的盈虧，我沉默無言。
奇正相傳，盈虛乘除，海和陸日以繼夜
搏盪著，侵吞著，
聳起與削蝕，創建與毀壞—但地球之面貌恒新！
我的本性，無私、無意、無惑、無迷，

堅石充塞著我的身體，高低方位
決定了我的存在！
金石的凝聚，鋼鐵的溶融，
也難挽劫變的命運，
我的結構穩定，不過是一時物相，
因此我又何惜於肢體的下墜，
儘管沉向浩淼無垠的海底，
但我是始生的、歷久的，我的生命的意志永不止息。
啊，苔藻繁密的王國，將如何迎我—這
歷盡滄桑的巨人！
我將會見許多古老的族類，從他們的交往中
回顧我綠色的青春。
唉，許久以來，我被風日薰炙了，他們
可依稀辨認？
他們的祖先曾依附著我，在我的懷抱裡生長蛻變，
如今其遠徙的子孫也遠徙，而我　來訪他們
昔日輾轉離開的故居。

我要告訴他們，那些移民者的勝敗消長，
世紀復世紀。
啊！水母、珊瑚、星魚、蛤蜊們，只有你們
未被時間緩漸的巫術所咒變！
幽閉於海底，億萬年來，你們依然
無聲無息於此中，獨居隱遯，
無知於日月星辰的運用，無知於風雨霜雪的變化，
鼓目凸睛，穿梭於中，如幽靈般，無知
於生，於死。
你們無法想像我豐富的生命與閱歷，
億萬年在日月星辰照耀下昂然挺立，
屹立於晨光夕暉的照映裡，
雄峙於雲霞雷電的寶殿中，
芸芸眾生以我為隱居的國土，巍峨的宮殿，在此
熙來攘往。
正如你們月貝兒、蝦蟹、海蟲，將以我為
穴室、地洞、迷宮。

我容許硅藻的繁殖改變我以黃以棕以綠的形相，
但我依然擔負著地球的均衡與生物的衍進，
我從不感寂寞與空虛，
更何須英雄的葬禮，帝王的殯儀！
千萬年後，我或許仍將以砂岩的姿態，
自海底重新隆起。
但未來茫茫，我何托於牽扯的攀援，冥渺的因緣？
磨折苦厄的命運，
以最後的一秒鐘，額頂青天，腳踏海底！
大斷層如此説完，一切復歸於空曠、沉寂。

作者簡介

司馬青山，本名沈治平，一九三三年，天津市人，高考及格。早年曾加入「葡萄園詩社」，現爲中國文藝協會、中國詩歌藝術學會會員。著有詩集《流浪的雲》、《海洋之歌》。散文集《植於南方的光芒》。短篇小説集《風雨夜歸人》、《山村姻緣一線牽》。劇本《歸》、《大地春回》、《清宮殘夢》、《柳暗花明》。論評《文藝散論》等多種。

琹川詩品

春捲

攤開白色的思念
先鋪層童年的糖粉
再夾入鮮翠的青春
糝一些歡笑的花生
把慈愛細切成絲
和著記憶一起炒香
復加入一綹長長的牽掛
最後灑上媽媽的味道
再仔細的包捲起來
沾著清明的煙雨
獨自默默地嚥下
一不留神卻卡在心上

山與桐花

以為靜定成翡翠玉石
讓歲月磨洗得剔透了
卻被四月的風一吹
硬是藏不住地露白

嘹亮的鳥唱　急切的經誦
仍止不住一瓣瓣婆娑的動念
拂不去沾衣的細雪
反渲染成回眸的明媚

頓時　漫天飄舞
揭諦揭諦　波羅揭諦
　波羅僧揭諦　菩提薩婆訶
迴繞的梵音中以飛天之姿優雅地旋落
將紛沓的足印
覆成清靜雪寂的經行

五月的山

千年桐雪白的舞鞋遺落何方
寂寞的風只好去掀開一樹樹
燦燃的金色相思　蔓延更遠處
酸藤靜披著一襲襲粉紅的花衣

年復一年　坐看五月的山
蒼鬱中渲染的華麗
如水流深處迴旋的歌聲
歌聲一路揪著旅人的心

一隻紅嘴黑鵯來到我的陽台
左顧右盼之後　又飛走了
只見翅影上的露珠一閃而逝
當陽光隱去　黑夜來臨
又有什麼能夠留下——

仲夏初曇

垂掛葉端——孵夢
謐暗的苞心
藏著天地
最後的一句偈語

逐日飽漲的夢是拉滿的弓弦

果然
在一個無人的夜晚
倏地飛出
羽化為千瓣雪
月光下皎潔的翩舞
之後　杳然無蹤

回首驚然

何時花事已了
皺縮的垂瓣微張著口
晃盪在風裡
連同山中歲月
我看見隨風流走的四季光彩
彷彿聽見了——那句詩偈

秋山漫吟

風　幽吐著濕腐的氣息
厚厚的足跡與落葉相擁化泥
山徑蜿蜒著肅靜
卻被輕巧奔躍的流歌撞破
只見一閃銀亮的身影
在闃暗的林間
在歲月寂寂的甬道旁
一座飽經風霜的古厝
靜靜攤開一頁滄桑的歷史

茅草與野菊爭擠出門口相迎
一隻人面蜘蛛垂掛石窗前
禪定般守候誤闖的訪客
如我　在時間的巨網裡迷失
一口吞下原是虛幻的重複劇碼

轉身間　只見一白衣素顏女子
濯足水岸兀自散著清芳
猶如一隻雪蝶闖入眼簾
牽引出成千上百的野薑花
醉倚溪畔迤邐成嫋娜的花河
只是　一陣風過
轉眼又紛紛化蝶飛去
當繁華翻盡
還有誰趺坐水湄
素顏白衣默默參讀
依舊空寂靜定的山林

十一月

關於玫瑰的誕生
關於藍雪花的抒情
關於睡蓮的紫夢
關於孤挺花的宣言

於是臍帶尋找彼端的芬芳
於是眼睛穿過星垂的曠野
於是履痕被鐘聲熨平
於是滿口的風　吐不掉

那麼就嚥下吧
如大海吞沒落日
群峰咀嚼明月
空花揚起又飄落
化泥於大地的心腹

影子隱入秋天的邊陲
黑暗縫隙裡有微光透出
也飄來遠方的風雪
禪坐在十一月的枝梢
寒鴉 冷眼一切

過程

獨舞如月之魂
瓣瓣是詩是夢是光是神
舞山萬千風華的曇
深解黑夜之必要

繽紛似雪之靈
點點是苦是痛是淚是血
錘鍊出逸香清韻的梅
證明嚴寒之必要
蔓延猶苗之火

葉葉是盼是望是恩是禱
燃亮生命原野的春
知道荒寂之必要

因此　滄桑之必要
在歲月深暗的皺紋裡
山山水水的波折中
或許能有一抹
雲淡風輕的微笑當註腳

作者簡介

琹川，本名洪嘉君，台南縣新營市人。輔仁大學中文系畢業，國立台灣師範大學國文研究所。現任教於縣立高級中學。《詩語飛翔》專欄作者，秋水詩刊執行編輯，秋水詩社網站駐站。曾應邀舉辦個人油畫暨創作展，並參加過多次畫展，詩、散文及畫作被選入國內外各選輯中。曾獲中國文藝協會獎章、吳濁流文學新詩獎等多項獎項。著有詩集《風之翼》、《琹川短詩選》、《在時間底蚌殼裡》、《飲風之蝶》、《琹川詩集》。散文集《種藍草的女子》，小說《夢想玫瑰》等書。

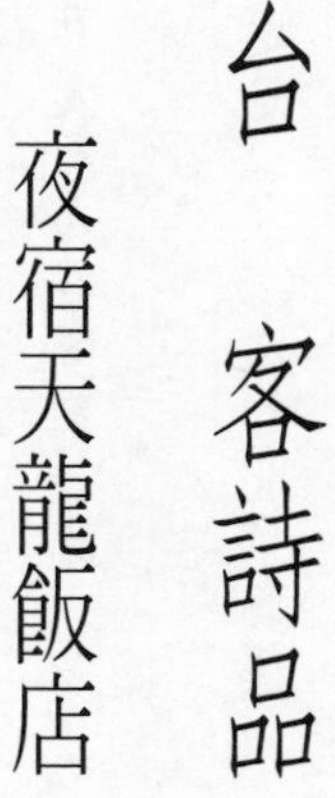

夜宿天龍飯店

晨起，臨窗
一整片峭壁的翠綠
向我迎面撲來
一條懸空的古典吊橋
堪堪映入眼簾

走入吊橋，顫危危
看千尺以下流水潺潺
兩岸峭壁高聳
遠山近樹
山色蒼茫有無中

過橋，走入一條
幽密的山林古道
一路蟲鳴鳥叫，蜿蜒
攀升，不斷試煉著
登山者的勇氣與毅力

註：天龍飯店，位於台東縣海端鄉霧鹿村，係南橫東段最具規模、精緻的溫泉飯店，飯店旁有一橫跨新武呂溪河床的天龍吊橋。

五環緩緩升起

五環緩緩升起
千萬朵燦爛的煙花爆開
鳥巢裡人聲鼎沸
五大洲人群齊聚於此

這是二〇〇八的北京奧運
整整等待了一百年

中國人再也不是吳下阿蒙
個個臉上充滿了自信

在各個競技運動場上
他們紛紛展現實力
金牌銀牌銅牌一塊塊
納入辛勤耕耘的口袋

中國中國萬方來訪
中國中國不斷壯大
如今它像一條巨龍
屹立亞洲，擁抱世界

深深的祝福
深深的期許
我在寶島台灣一隅
默默仰頭，向它敬禮

這一隻碩鼠

這一隻碩鼠
曾經長期躲在
一座豪華穀倉裡
大吃大喝，且A走
一袋又一袋
黃金般上好的穀粒

而今東窗事發
碩鼠不斷四處逃竄
且齜牙裂嘴，威嚇著
欲逮捕牠的執法人員
眼看網子越收越緊
碩鼠入籠日期不遠

海角七億

海角七億
一筆龐大的骯髒款
貪婪者運用權勢
五鬼搬運的結果

以為東轉西轉
全世界轉透透
就神不知鬼不覺
豈知人算不如天算

「這是選舉結餘款，
這是海外建國基金！」
貪婪者猶四處趴趴走
大言不慚，死不認錯

老百姓再也看不下去
紛紛嗆聲：
「貪婪者應槍斃！
把他關到死！」

遊阿里山遇雨

一陣急迅而來的午後雨
像一群頑皮的高山精靈
不斷地親吻我們的臉頰
打濕了我們疾行的步履

姊潭與妹潭
在雨中更顯得清麗脫俗
三兄弟與四姊妹（註）
雨中各個挺直著腰桿

三代木與同心圓
我們在此留下美麗身影
光武神木前我們仰望
感嘆大自然造物的神奇

註：「三兄弟」與「四姊妹」均爲樹叢景點。

黑面舞者

在曾文溪出海口的河床上
每年冬季來臨前
牠們即翩翩蒞臨
從萬里的北方的故鄉

牠們穿一身潔白的衣裳
集體站立在沙洲淺灘上
像一群紳士淑女互相

做著社交禮儀的活動

當黎明來臨或即將入夜時
牠們展開了覓食活動
黑色的長喙不停在水中搜尋
個個都是獵捕的高手

一旦碰到漲潮或外來者入侵
牠們也會被迫集體飛起
這時就像一群舞蹈高手
秀出牠們凌波的舞技

牠們的舞姿是如此的曼妙
吸引了成千上萬的「粉絲」
透過高倍數望遠鏡觀賞
個個發出驚呼的贊歎

二〇〇七年一月八日於台南縣

想起八二三

想起八二三
就想起一首歌
如此慷慨激昂雄壯
藍天白日下高唱
多少男兒漢熱淚盈眶

想起八二三
就想起一群人
他們以自己的生命換取
絕大部分人的免於奴役
至今我們猶深深感念

想起八二三
就想起一座島
如何以彈丸之地忍受

無以計數砲火的洗禮
卻始終以花崗的硬頸撐持

想起八二三
啊！我體內的熱血
猶在洶湧澎湃狂嘯
儘管時間已過了半個世紀
兩岸且又悄悄翻了新章

台南行二首

鹿耳門懷古

虔誠祭拜完天地之後
午時突然潮水大漲
大小船艦冒險通過
這一條險巇淺窄航道
順利進入台江海域

旌旗蔽日，戰艦雲集
汪洋浩瀚台江海域內
看哪！軍容何等壯盛
這是一支遠來的孤軍
誓言驅荷保台大業

一場又一場的海陸大戰
矢石弓弩與炮火齊飛
連天上聖母也派兵加持
最終鄭王取得完全勝利
鹿耳門港躍上歷史的輝煌

北方來的貴客

北方來的貴客
牠們一隻隻，穿著
黑色禮服，頸繫白巾

昂然站立蚵柱頂上

此時是十一月的寒冬
蚵柱下海潮洶湧
海風呼呼作響
但牠們絲毫不畏怯

餓了，牠們展翅
徐徐飛越海面，迅速
潛入海底，一隻隻
牠們都是圍獵的高手

北方來的貴客
從西伯利亞千里
迢迢飛越來此度冬
鸕鶿啊！南台灣歡迎你們

二〇〇八年十一月十日遊台南七股瀉湖歸來

作者簡介

台客，本名廖振卿，一九五一年生，台灣省台北縣人，任職於郵局，現爲《葡萄園》詩刊主編，中國詩歌藝術學會常務理事，已出版詩集《與石有約》、《星的堅持》、《台客短詩選》等十部，詩論集《詩海微瀾》一部，主編《詩藝拾穗》、《不惑之歌》、《百年震撼》、《詩藝浩瀚》四部。

方 明詩品

月悲中秋

誰的詩感測量過中秋的月
較一般月圓之夜更圓
太多圓滿的歌頌背後
總有乾癟煢獨的靈魂
觸景憂怨啜泣

何必以廣告式的讚禮宣讀
今夜月圓人圓　月滿影雙
這只會引起惴惴不安將影子
懸掛在壁上林間孤空的軀體
仳離近五十載的神州寶島同樣

悲惻　每當中秋展讀
繁體簡體的「古朗月行」
一卷李白心情仍被兩岸
詮釋成兩種阻隔沉痛的心情

終必百年之後的圓滿呼之永恒
此刻世人圓盈的情愫
唯有在古藉詩歌裡
在中秋月夜裡
得到虛幻的溫慰

刊於《中時人間副刊》

咖啡館拼圖

將生命的無奈拌攪在杯中的
黑海　悠悒的午后
隨著香頌的韻調讓手裡的湯匙
微顫著相同的節奏
呷一口塵世的炎涼　聆聽旁鄰愛情之困倦

氤氳裡瀰溢著存在的湛濁
歲月從我們的茫然無知開啓
然而航渡的座標愈遠愈枯燥難耐

曾經熟稔的體味　某場所相識的
空氣　重疊在記憶的匣子裡閃掠
此刻，跳躍的時空最騷動
或想尋覓另一次傷痕的邂逅
讓宿淚淌滴在苦澀的杯緣

當歸鳥啄喫初昇的月華
這裡爬滿慾念的顧盼
不安的孤寂開始魯莽
猙獰互扯襤褸的慰藉
只有隅角詩人的目光接銜著
似禪似佛的失去
樂土

台北詩歌節 朗誦作品

西湖情繞

層霧將西湖逼成秋色的穹蒼
所有史跡韻事都沉甸成畫閣倒影中的
淒美典故　朝代在驚嘆中遞嬗
唐宋的氤氳彷彿沿著蘇堤纖瘦的徑道
緩緩瀰散過來

霏雨將恆古的愛情故事串織在
共傘的醉郁裡
而長亭總是引來千年的惜別
顧首的背影在風霜中愈斜愈遠

星月朦醒前，趁此
只有以詩釣起的夕陽最孤美

刊於《聯合副刊》

世事無端

開始感懷與傷舊　驀然回首
竟在地球角隅磨蹭了數十年
難怪種植的愛恨情仇開始收成
懸宕在午夜夢迴時
那份驚悸與讚嘆

生活是一個剖開的橘子
時甜亦酸卻能解渴或舒通腸胃
假裝唾棄名利猶似誇大吐核的動作
但緊握時間倒數籌碼裡
仍然押註名與利

誰會相信曾是逆爆的抗議與異言
會馴服在黃昏的柔和圖騰裡
恰似過時的慾念與承諾

殘留成靦腆的記憶

還好，喜愛攀附的姿態開始腐朽
渴望或有輝煌的演出 漸漸疲憊蟄伏
只能從虛實重疊的邊緣
醞釀快慰與淡忘

仍然無法置信，童年
是手掌裡的一撮沙土
握得愈緊，流失愈快

刊於《台灣年度詩選》

有一種心情

1

有一種心情，疲憊時刻呈現落日顏色，眺望狹窄的海峽便開始收集膚
淺的鄉愁，卻不知如何向世人闡釋通訊通商通婚卻仍相互叫囂敵視廝殺
（這是一種溫柔的哄騙）

從未目睹如斯弔詭的史頁，熟稔的典籍歧分成兩種學生的字體，一種
膚色臆測兩樣被阻隔的情懷
主義　是焚落的星
曾經高掛且悻悻指引
茫茫道途

無人敢跨越荒唐的禁忌，只好種播更多的宣言，然後將腐汙的圖騰
冷冷推給無知的後世

2

有一種心情，亢奮或沮喪時刻呈現落日顏色，邂逅之後總是疊上不同
的面具爭取煎熬前的愉悅，
族群生存繁衍的憂傷總是無悔的
（這是一種溫柔的哄騙）

從記憶匣子抽出的涼意與痛楚，除了床第間親暱飢渴的密碼，我們啃
嚼著虛偽的美德維生。行囊裡的情愛永遠是一則發酵的謎題，肢體的

溫度遠勝激辯之誓言
那些善於告別與切割不同情緒的伴侶，反覆試測
靈慾的味蕾，旺盛的自信窒息成一幕現代速食文化櫥窗，呈讓路人與
演者透明的相互瀏覽

3

有一種心情，感念天地悠久時呈現落日顏色，悲盡青絲轉白髮，叩訪
舊識皆為鬼之悱惻，仍忍不住燃起豆燈引來唐宋之古棧，或將雨瀝節
分成段段泡過茶香的現代詩句，一舉不飲不爽不瀉不快之情緒
終可張貼在殺戮沙場無人睥睨之副刊角落
乾枯殉滅
（這是一種溫柔的哄騙）

刊於《聯合副刊》

作者簡介

方明，廣東番禺人，畢業於台灣大學經濟系。

巴黎大學經貿研究所，榮譽文學博士。

大學期間，與廖咸浩、詹宏志、羅智成、楊澤、苦苓、天洛等創辦「台大現代詩社」，並曾任社長。

耕莘新詩寫作班指導老師，新詩獎評審，香港詩社新詩獎評審。

作品散見於台港美加澳各報副刊，詩刊，並被翻譯成英韓文。

曾獲兩屆台大散文、新詩獎、全國大專組散文獎。

詩作入選：台灣百家詩選，年度詩選等。

創世紀詩刊五十週年榮譽詩獎（二〇〇四年）。

中國文藝協會二〇〇五年度五四文藝獎章詩人新詩獎。

香港大學首展個人詩作（爲期一個月）。

現爲：中國文藝協會理事、〈藍星詩社〉編委、〈創世紀詩社〉顧問、〈乾坤詩社〉顧問、中國詩歌藝術學會理事、中華民國筆會同仁。

現任職於法商歐智企業有限公司總經理。

著有詩集《病瘦的月》（一九七六），散文詩集「瀟洒江湖」（一九七九）。

詩集《生命是悲歡相連的鐵軌》（二〇〇四）。

詩集《歲月無信》韓譯本（金尚浩教授翻譯二〇〇九）。

關 雲詩品

葡萄繁茂時

裹住五月　葡萄還是晶瑩地
顆顆的晶瑩和透亮　祇有
葡萄園的詩人們　可
隨興時
讓詩唱出生卻永恆的火花

多麼難受啊　我要試試在夢中
尋找你們
最漆黑的幽暗仍會有光
退潮時　水花不也仍在吟詩嗎

一元復始

收斂起微揚的翅膀

周遭的新舊面孔
不同的事物　屢見新鮮
過去　在霜飛的天空裡埋怨
今日　將冷洌的冬意轉換
不安的心情　猛然驚醒

偶感

寒冷的北海道尚未下雪
好友雪琴攜回那邊的煦日
也捎來愛琴妹的問好

唱戲的室內　滿屋子
整箇秋天的暖意
票友們燦亮的笑容升溫了

方寸裡外

嗨　不要把包大人的烏紗帽塗錯了顏料

・
雕師是萬能的　不眠的數夜
・
十二根竹筷上端　十二生肖排排站
驢啊　麥擱呼答啦
嗆到深喉不好受哇
・
這年節也許會好過些
且讓雜思和塵垢
輕拂而去吧
・
喵喵端倪著沒有完成的初稿
畫紙上　梅蘭竹菊
蜻蜓　蜂們　鳥們　蝶們
畫者們巧手佈局
畫紙成了四季裡的暖春
喵喵輕微地細聲地稍微地

邊低吟著秋意的詩句
然後一溜煙地離開了

謬　詩

到處不安肉體的魂靈
金幣似一○一高樓般
　數棟大豪宅
　億萬珠寶般
在心內最好衝破成
整座不歸財神掌管的「吐鈔城市～～」
當全民蜂擁高喊『芝麻開門～～』
呀　原來～～原來～～
南柯一夢

謬　語

星們倦了嗎？
原本炯炯的神韻

真的提不起勁來了嗎？
何必問
世間的鳥屎事有完沒

悟

連劇情裡的老頑童玩完了
不新鮮的狗屎事
不　玩　了

想妳

好友遠在碧海天邊
昔日喜感的嗓音
帶來相聚時歡笑的氣氛
舉手投足像是舞台劇的演員
曾經　妳帶我漫步淡大
教我感受天地裡極美的靈氣
曾經　妳亦師亦姊般的教我

如何使人易親近的法門
曾經　妳帶我去綠野香坡
吸飽氤氳之靈氣
妳我駐足多時
餘暉告知我們該搭車回家了
想妳　照片裡像姊妹般心連心
原本就有默契的滿足的笑靨
羨慕妳　終於歸空一切的束縛了
千年萬年　妳終舊是我這輩子
永永遠遠的老友

作者簡介

闕雲，本名汪桃源，湖南茶陵人，一九四九年生於台中縣大肚鄉，曾爲第六屆中國詩歌藝術學會副秘書長，已出版口袋詩集《夢在星光下》及散文集《在智慧邊緣的孩子》。

紫　鵑詩品

明天又是一年了

——贈周夢蝶伯伯

海水退潮以後
燈火堆砌的對岸　有風閃閃
每頁書頁卻漲滿屬於你的季節
從海口向天外天延伸

該是冬殘了吧
枯葉在單薄的額間悄悄落盡

而我們隔著銀河
投下最後一顆驚嘆

你說
明天又是一年了

青春的火花在你手心凋零
一頁頁踩痛　在我還沒有憔悴以前

PS：爲了《乾坤詩刊》採訪和手稿，爲了想請周夢蝶伯伯用娟秀的瘦金體毛筆字寫的簽名書，我將兩本九歌增訂版的《約會》寄給他，請他簽名。前後約莫等了一個月，手稿及書寄還給我，卻婉謝了採訪。只說有空時，願與我去明星咖啡館喝咖啡（明星咖啡館已成台北人文地標，因夢蝶伯伯早年在該館廊下擺書報攤。）寄回來的《約會》簽名書，翻開扉頁，第一句話就是：「明天又是一年了。」

謹以此小詩贈周夢蝶伯伯，莫忘我們的明星咖啡之約。

握 手

——再贈周夢蝶伯伯

我們握手
以病的千刃
以菌

以一束馨香花束
以我坐在你的榻前
以半截窗櫺雲月
以面紙摺疊拭你眼尾雨幕
以彈指間光纖
以莊周曉夢之後
迴向

我們無聲

以病之蜷伏
以菌

喝水喝茶
喝水不喝茶
喫藥喫飯

握手

二〇〇七年二月十七日　農曆丙戌年除夕夜

他們回家了

他們回家了像啞聲的鳥兒
一進門依舊倒嗓唱歌

他們從行李箱掏出衣物放在燙衣板上
為了洗澡換不換內衣而忸怩

他們冒著蒸騰熱氣表演出浴圖
電視正播大火吞噬的草山行館

他們堅持人為縱火
又希望是一場騙局

爸爸說還是自己家裡舒服
聽落地窗外的雨聲也高興

媽媽說隔夜茶不要亂喝
先吃咳嗽糖漿快去睡覺

他們一前一後閉上眼睛入眠了
一人一被睡兩卷會扭動的瑞士蛋糕

他們皮膚一黑一白
一個是有鬍子　一個平躺瘦成一縷霞煙

他們呼吸和咳嗽都有點麻煩
很像帶動唱　爸爸兩聲、媽媽三聲半
他們平安回家了
我追不過他們　他們拼命追著我老去

二〇〇七年四月八日

半夜聽父母咳嗽

每一聲
都堅持自己的堅持
從元宵到清明持續細瘦
下沉
　下沉
　　下沉
　　　那麼地賣力

而距離
始終無法成為稠密的痰
為他們咳出

二〇〇七年四月八日

你有你的玫瑰

——又名石頭記

又要走了
臨行前　微細的瑣碎
層層變成
淡味的桂花蒸糕
你說撈月的古典屬於慰藉
說愛人的記憶堪稱遺忘
你有你的玫瑰
急赴時間的穹蒼

我在
燈下撈月
怎知道三生石上
有個詩字
一推窗
菩薩都嚇出了汗

二〇〇七年五月二十九日

作者簡介

紫鵑，本名許維玲，屏東縣恆春人，一九六八年生於台北市。曾任職山水印刷、哈伯萬用手冊公司、薇薇雜誌社。現任職於父親的科技公司，生產濾芯與口罩。迷糊的中年女子。溫柔半兩，多心一片，肝膽五錢，淚水六斤。愛父母多愛九個三兩，愛朋友多愛情四分。都怪那粗糙抓草的笨手，裁詩裁得歪歪斜斜七零八落。得獎記錄：二〇〇二年獲得優秀青年詩人獎及最佳廣播劇團體金鐘獎（劇本佔20%）。

個人網站：新浪部落格（紫鵑的窩）

二〇〇七年一月接任《乾坤詩刊》現代詩主編。

林恭祖詩品

山

屹立於天地之間
小兔以為我是高傲的
其實我是一座小山
不高也不低
樂與麋鹿為友

天風為我吟嘯
野草為我起青潮
呦呦喲
這是麋鹿呼喚的心聲
與詩結緣永不變調

高興就好我也認養樹木
願滿山枝葉茂盛
為眾鳥建築安樂窩
到時候聽聽有巢氏的
歌聲我就感到欣慰

路

飛禽以天為路
走獸以山為路
游魚以水為路
人呢以心
為師
　各走各的路

岸

大海無涯
我們以

天為
岸

天如無岸
銀河早就氾濫成災
七夕的鵲橋也
架不起來

地如無岸
滄海橫流
那有七大洲
蛟龍早就霸占天下

岸是海的臍帶
不知有多長
願是拯溺救難的生命線
而不是葬身魚腹的死亡線

月

妳以天下人的手為
半徑以天下人的心為
圓心每月畫一個
圓在天上

圓是天鏡靈光普照
眾星以藍眼俯瞰
錢塘江的巨浪
被妳吸上天

化一道彩虹為兩岸
妳就架起長橋
看鷗鷺經常
在那裡嚶鳴唱和

煙囪

我是庖犧氏的
苗裔
掌管人間煙火
我的外號叫
煙囪

身軀黝黑
瘦而長
這是我的特徵
常在屋外被風吹雨打
我也不抱怨

庖廚是
生活的要地
難怪孟子説是以

君子遠庖廚也
因為煙火有時會變質
熄火了
我就輕鬆了
滿肚子的火氣
吐出來
只有幾縷輕煙

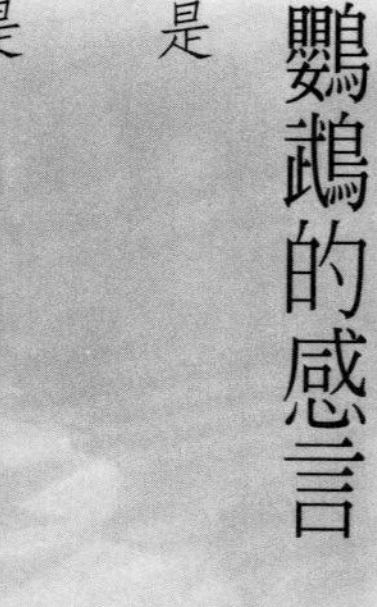

鸚鵡的感言

天地是
搖籃
而不是
鳥籠
如果以天地為
鳥籠
鷦鷯也難逃牠的

命運
聽聽鸚鵡的感言吧
籠內籠外
究有什麼不同的
感受

作者簡介

林恭祖，號思謙，福建仙游人，民國十六年生。台灣大學文學士、美國世界藝術文化學院榮譽文學博士。故宮博物院編纂（教授級）退休。曾任乾坤詩刊名譽社長兼古典詩主編。現爲中華學術院詩學研究所副所長、北京中華詩詞學會（總會）顧問、全球漢詩總會台灣分會會長、紐約四海詩社名譽社長、洛杉磯中華詩會顧問、馬來西亞詩詞研究總會顧問等。「春夢」一首獲台灣詩壇優勝獎、「光輝吟」三十首獲亞洲詩壇第一獎、「林外詩稿」獲中山文藝獎。一九八三年「春節懷大陸」七律一首，蒙北京光明日報、人民日報陸續轉載，爲兩岸架起第一座詩人橋，全國友熱烈唱和，引起高潮，一樂也。二〇〇五年五月，長篇新詩「生與死」，獲北京第二屆中國長城文學獎一等獎，老樹開新花，二樂也。著有《元卓從之中州樂府音韻類編校注》、《林外詩稿》、《詩與歌》、《友竹居詩稿》、《干支溯原》等。

丘孔生詩品

老先生掃墓

清晨微霧在山區墓園飄盪
捎來絲絲寒意
烏秋不經意飛落樹叢靜棲一旁
少許雜草早已置放墓地一角
老先生裹著件單薄外套
弓著身子
手中拿著沾濕的毛巾
在墓碑的大理石上
不疾不徐仔細擦拭著
墓碑大理石明亮光潔
鳥兒納悶：老先生呀！

您怎麼一直費心重複擦拭？
晨霧輕輕飄了過來
語帶持重：他不是單純將石碑清洗乾淨
　　或許也是擦亮過去那段美好的記憶
鳥兒似懂非懂
看著晨霧
晨霧沒回答　在空中散去

剪落一地的寂寞

秋意漸濃
昏黃燭光下
她翻轉手中的背心
默默剪裁著
伴隨的燭光
火焰炙熱地悶燒著
沉寂的夜　靜得

令她如狂喧般的焦躁
她剪著　剪著　剪著
而微弱的燭光不捨地映出
溫熱的淚珠裡
那剪落　一地的寂寞

小詩四首

像父親

歲月在我臉龐緩緩走過
不經意地將父親的神韻
悄然留駐

那夜突然見著父親
不在夢裡
卻驚覺在鏡裡

註：年華老去，方知神貌越來越像父親。

油桐花

花樣少女呀！
一月又一月的耐心靜候
卻難掩心中歡悅的期待

等那五月的盛宴
披上大白大白耀眼的婚紗
綻放朵朵青春蜜意

有句話

瞧你就知道
又惹大嫂生氣了
別老是將你的陰暗背影
丟落在她身上才好

其實她要的不多

只盼你轉過身子
你會豁然發現
她如明珠般燦爛美好

石頭

靜坐飾櫃旁
嚼著室內喧譁的寂寞
忍著人來人往的苦候
動也不動變成孤寂者
若主人前來呵護
便會在溫熱的掌上
復活

依然青春飛揚
——記成大六三級外文系同學會之夜

攔不住歡笑的聲浪

早已翻出窗外
早春的月光不甘寂寞
溜進來探個究竟
見著不由啞然失笑
竟然一群走過半世男女頑童
愜意圍坐成圈追憶過往
但是呀！流逝歲月的容顏
卻洋溢著青春的澎湃
涼意的夜晚個個熱情滿懷
欣然訴說著塵封往事
一則年少輕狂
一段豪氣長征
一件軼聞趣事
更有椿椿暗戀秘聞柔情盪漾
坦城剖心深情流露

那濃郁情誼三十三年後仍然駐留心中
溫熱地四處流竄
點燃出圈內那團爐火
感受到真心的溫度

那是節縱聲狂歌的高潮
那是段吟詩緬懷的時光
那是個呀！
是個酒意醺然
痛快的夜晚

作者簡介

丘孔生，男，一九五〇年生，現居台南縣，國立成功大學外文系畢業，曾任高中教師二十餘年，現已退休，學畫自娛，兼及旅行，已出版散文集《下班後的雙人舞》。

張小千詩品

四季組曲

春

萬紫千紅
窗外一片花海
彩蝶鼓振薄翼
蝶舞花香
翱翔悠遊
百花為凋謝盛開
握住剎那
人生如夢
何不瀟灑走一回

讓心靈底的詩夢
想詩作夢
有夢
詩藝飛揚（註一）

夏

天空艷陽高掛
摘下一朵太陽的微笑
午后枝頭上獨鳴的蟬兒
嘶出抑揚頓挫的節奏
像情感又似愛般
純摯透明脆弱
令人難捉摸
人有悲歡離合
天下無不散筵席
那稍縱即逝歲月
唯回首也前瞻

喚起青春綻放
熱情洋溢
當仲夏之夢
再現
詩藝青空（註二）

秋

清晨徘徊林間小徑
黃葉疑是枯萎在淚眼裡
傾聽枯葉滄桑故事
歷經春風秋雨
揮不盡的傷痛
怨誰恨誰
金風從裙裾掠過
踩著無聲天籟旋律
與風共舞
詩篇翩翩

握一把詩的種子
向宇宙大地揮灑
薪傳
詩藝拾穗（註三）

冬

紛飛的落葉
迎向呼嘯而來的北風
冬日的深沈內斂
大自然萬物裸露風雪裡
讓飄墜的雪花吻傷
經過冰雪雨露寒風洗禮
不是雪泥鴻爪
而是霞飛滿天
只為圓那永遠醒不了的
詩夢
詩藝浩瀚（註四）

養生健身偶感

大文豪蘇東坡說：
明窗淨几　筆硯紙墨
皆極精良　自是人生一樂
唐柳公權如是說：
用筆在心　心正則筆正
漢蔡邕亦如是說：
惟筆軟則奇怪生焉
筆直　腕懸　指密
力道發於臂　達於肘　運於腕　傳於指
手腕牽動手指　引導全身經絡
使五臟（註五）六腑（註六）擁有熱能
活絡筋骨　順通氣血　改善體質
養生健身　緊緊相隨
揮毫　筆歌墨舞
曲終了　餘音裊裊

別忘　人生如戲台
認真拿捏　扮好角色
因循生存奧祕　踏著樂章
生命之歌　隨陣陣風兒傳頌
追尋　追尋　再追尋……

題畫詩四章

萱壽頌

紫雲金露滿萱堂
累累蟠桃凝玉漿
群仙箇箇頌華章
麻姑欲問桑田海
蕭子來吹鸞鳳翔
阿母酡顏天共壽
青春十七百年長

布袋和尚

和風麗日樂悠遊
袋裡乾坤光怪收
不管人間煩惱事
無憂無慮自千秋

觀音降龍

凡間百姓疾勞憂
觀音法力展神謀
青龍悟道騰雲至
慈航普渡解災愁

觀瀑圖

山水煙嵐瀰濛中
墨客尋幽逐夢頻
聽泉坐忘凡俗事
飛瀑騰雲沁脾心

註一：《詩藝飛揚》二〇〇三年十一月初版，文史哲出版社彭發行人正雄先生出版，由會（中國詩歌藝術學會）編著。

註二：《詩藝青空》係二〇〇四年十二月初版，文學街出版社出版，馬水金先生是發行人，主編爲詩人秦嶽先生。

註三：《詩藝拾穗》二〇〇五年十二月一日初版，出版社、發行人等與前「註二」同，主編是詩人台客先生。

註四：《詩藝浩瀚》久違了，出版在即（二〇〇九年夏），出版社與發行人同前「註一」，主編與「註三」同。

註五：五臟是指心、肝、脾、肺、腎。

註六：六腑包括胃、膽、小腸、大腸、膀胱、三焦等。

作者簡介

張小千（Dra. HELEN CHANG）

自幼喜好藝術、大自然，不惑之年書畫造詣猛進，書各種字體，畫工筆人物、寫意花鳥、山水、現代水墨……爲藝術家、醫師等。

詩、書、畫、印四絕係於翰疆不斷自我成長之最愛，其作品廣爲收藏。經常參與國際性藝術交流活動，深感中西文學藝術皆以「詩」爲起始源頭，即使是小詩一首，眞摯情感之抒發亦詩趣無窮。二〇〇三年歲末應邀加入本會，在詩界先進指教下日漸精進，二〇〇六年榮登《詩人雕像》榜，二〇〇九年當選連任理事。

著作：《張小千詩品集》、《張小千書畫藝術專輯》、《漢字書法文化教育全球化》論文集……。

國家圖書館出版品預行編目資料

詩藝浩瀚 / 中國詩歌藝術學會編. -- 初版. --
臺北市：文史哲，民 98.06
面：公分. --（文史哲詩叢；88）
ISBN 978-957-549-846-7(平裝)

831.86　　98009789

文史哲詩叢 88

詩藝浩瀚

編者：中國詩歌藝術學會
主編者：台客
出版者：文史哲出版社
http://www.lapen.com.tw
登記證字號：行政院新聞局版臺業字五三三七號
發行人：彭正雄
發行所：文史哲出版社
印刷者：文史哲出版社
臺北市羅斯福路一段七十二巷四號
郵政劃撥帳號：一六一八〇一七五
電話886-2-23511028・傳真886-2-23965656
實價新臺幣五六〇元
中華民國九十八年（2009）六月初版

ISBN 978-957-549-846-7　　08888